AIGC+文化传播系列教材

丛书主编·张洪生 王青亦

人工智能艺术导论

AN INTRODUCTION TO AI ART

王青亦　主编

中国国际广播出版社

总 序

在数字经济与智能技术深度融合的全球浪潮中，人工智能作为国家核心竞争力的战略地位日益凸显。人工智能作为引领新一轮科技革命和产业变革的战略性技术，正深刻改变着人类生产生活方式。在文化领域，这场技术革命催生出前所未有的变革动能。早在2017年，《新一代人工智能发展规划》就将人工智能提升到“国家战略科技力量的高度”。《“十四五”文化产业发展规划》强调以科技创新赋能产业升级。人工智能与文化产业的深度融合已成为推动文化新质生产力发展、增强国家文化软实力的重要引擎。

当前，我国文化产业正经历从规模扩张向质量跃升的关键转型，人工智能技术的深度应用不仅重构了文化生产、传播、消费的生态系统，更催生出以文化新质生产力为核心的发展动能。在此背景下，中国传媒大学文化产业管理学院顺应时代变革、回应产业需求，发挥学科优势和团队优势，组织以我院为主的多位专家学者编写首套人工智能与文化传播融合创新系列教材，立足国家文化数字化战略，着眼人工智能技术前沿，构建起涵盖理论探索、产业实践、伦理规范的全方位知识体系。

本系列教材共八本，分别从文化新质生产力、文化传播、人工智能艺术、视听产业、虚拟偶像、非遗、人工智能法、国家形象传播等方面进行研究。

人工智能技术与文化领域的深度融合正在重塑社会生产与传播方式，形成多维度创新生态。在文化生产层面，技术驱动下催生出新质文化生产力，通过智能化手段优化文化资源开发效率，显著提升文化产品的创意转化能力和市场竞争力。文化传播领域经历着从传统媒介到数字平台的范式跃迁。人工智能深度介入内容分发机制，借助大数据分析与算法推荐实现精准传播，同时虚拟现实、增强现实等技术拓展了沉浸式体验场景，推动文化传播形态向多元化、交互化发展。

艺术创作边界在人机协同中被重新定义，生成对抗网络、大模型等技术为艺术表达开辟新路径。机器学习算法不仅能模拟人类创作风格，更在抽象艺术、动态影像等领域展现出独特创造力，引发关于艺术本质与主体性的哲学思辨。视听产业迎来智能化升级，从剧本分析、角色设计到后期特效，人工智能贯穿影视制作全流程，动态捕捉技术与实时渲染引擎大幅提升内容生产效率。虚拟主播与AI剪辑师的应用重构行业分工体系，同时也带来内容真实性与版权归属的争议。

文化遗产保护进入数字化转型新阶段：区块链技术实现非遗数字资产确权；三维扫描与数字孪生技术构建文化遗产的虚拟镜像；AI驱动的图像修复与声音复原让历史记忆焕发新生。在法律规制层面，算法偏见、数据隐私等问题催生新的法律研究方向，司法实践中开始探索人工智能创作物的著作权认定标准与侵权责任划分机制。在国家软实力建设维度，AI技术被应用于国际传播能力建设，通过多语种自动翻译系统、舆情智能分析平台等构建跨文化传播矩阵，动态监测全球舆论场态势，为塑造立体化国家形象提供技术支撑。

这种技术赋能的文化生态变革，在提升产业效能的同时，也引发对文化多样性、创作伦理与人文价值的深层思考，推动着人类在智能化浪潮中寻求技术创新与文化传承的平衡之道。

站在数字文明与中华文明交汇的历史坐标上，人工智能正以“数智赋能文化，创新驱动未来”的磅礴之力推动文化发展。希望这套教材能够为高校人才培养提供系统化知识图谱，为文化领域数字化转型提供方法论工具，并通过建立技术伦理框架引导行业健康发展。

张洪生

中国传媒大学文化产业管理学院执行院长

2025.4

目 录

绪 论

在21世纪的科技浪潮中，人工智能已成为改变社会文化的革命性力量，它不仅改变了我们的生活方式，也深刻影响了艺术创作这一领域。人工智能与艺术结合，开启了一个全新的创作时代，艺术家们利用人工智能技术探索未知的创意领域，观众则通过人工智能艺术作品体验前所未有的审美感受。

本绪论旨在从多个维度揭示人工智能与艺术的奥秘与发展脉络。首先，我们将探讨人工智能的定义与发展历程，了解这一技术如何从最初的符号逻辑演变到如今的深度学习和机器学习的技术体系。在此基础上，重点剖析人工智能如何在艺术创作中激发灵感、优化过程及生成作品，并展望其对艺术本质和未来趋势的深远影响。其次，我们将从技术层面解析人工智能艺术的核心支柱，包括机器学习、深度学习、计算机视觉和自然语言处理等关键技术，这些技术赋予了人工智能创造艺术的能力。最后，我们将聚焦人工智能在视觉艺术领域的实际应用，探讨其如何推动艺术创作的创新与表现形式的拓展。

学习目标

1.了解人工智能的定义和发展历程。

2.认识人工智能艺术的测试标准。

3.掌握人工智能在艺术创作中的应用。

4.分析人工智能的核心技术及其在艺术领域的关联。

5.探索生成对抗网络（GANs）在艺术创作中的作用。

一、人工智能概述

（一）人工智能的定义

人工智能（Artificial Intelligence，简称AI），顾名思义就是通过人工方法在机器（通常是计算机）上实现的“智能”，也称为机器智能（Machine Intelligence，简称MI）。[①]美国计算机科学家乔治·卢格尔（George Luger）在其经典教材《人工智能：复杂问题求解的结构和策略》中全面系统地介绍了人工智能的相关知识。他在书中提到，人工智能的核心目标是通过研究一系列问题和方法，使智能行为实现自动化，这是计算机科学的重要分支。当一台机器按照设计的算法，成功表现出类似人类的智能行为时，这种行为就可以被称为“人工智能”。[②]

人工智能是指使计算机系统能够执行通常需要人类智能才能完成的任务，如学习、推理、解决问题、理解语言、识别图像、规划和决策等的技术和方法。它模拟人类的认知过程，通过算法和模型来处理和分析数据，以实现自主的智能行为。在这些研究基础上，2021年联合国教科文组织通

① 卢格尔. 人工智能［M］. 赵志崑，译. 北京：机械工业出版社，2006：1.

② 王万良. 人工智能通识教程［M］. 北京：清华大学出版社，2020.

过的《人工智能伦理建议书》中给出了一个人工智能的权威定义："将人工智能系统视为有能力以类似于智能行为的方式处理数据和信息的系统，通常包括推理、学习、感知、预测、规划或控制等方面。"

人工智能可以分为弱人工智能（专注于特定任务）和强人工智能（具有类似人类的通用智能），目前的应用大多属于弱人工智能领域，而强人工智能仍处于研究和探索阶段。[①]简单说，人工智能的目标是让机器具备部分模拟人类智能的能力。但这里的"智能"究竟是什么？它是否和人类的智能相同？这不仅是科学家们一直探索的问题，也是哲学家们热烈争论的核心。

20世纪中叶，计算机科学之父阿兰·图灵（Alan Turing）（见图0-1）提出了一个具有深远意义的测试——图灵测试。他设计了一个经典问题：如果人类通过交谈无法区分与之互动的是人还是机器，那么机器就可以被认为具有智能。这个测试一时间成为判断人工智能水平的重要标准。

图0-1 计算机科学之父阿兰·图灵

① 马诺维奇，阿利列. 列夫·马诺维奇：人工智能（AI）艺术与美学［J］. 陈卓轩，译. 世界电影，2023（3）：4-24.

2011年，IBM公司的沃森超级计算机在美国的电视智力竞赛节目中击败人类选手，展现了人工智能在语言理解和知识检索上的强大能力。2014年，英国雷丁大学的一项实验声称，一款名为“尤金·古斯特曼”的智能聊天软件让33%的评测者相信它是人类，这意味着这个软件“通过”了图灵测试。尽管如此，怀疑声和批评声从未停止。许多人认为，图灵测试只关注结果，而忽视了智能背后的思维过程。

美国哲学家约翰·塞尔（John Searle）在1980年提出了“中文屋”思想实验，进一步挑起人们的争议。他的观点是，即使机器能够表现出人类的行为特征，它依然不具备真正的“理解”，仅仅是在“模仿”人类的行为。这让我们不禁思考：人工智能所表现出的能力，真的可以称之为“智能”吗？

如果说图灵测试是对人工智能思维能力的一次检验，那么我们可以将这个思路扩展到艺术领域：当一台计算机经过训练后创造了一件艺术作品，而许多艺术史学家误以为这是一件某个时期的原始文物或者当代的艺术作品时，这是否意味着人工智能通过了“艺术版图灵测试”？

关键在于，这些作品不应只是现有艺术品的简单改编或复制，而是能独立生成的具有艺术价值的全新作品。在这种情况下，由人工智能创作的艺术就可能被定义为“人工智能艺术”。换句话说，人工智能艺术的核心衡量标准是：它能否在专业领域内被认可，并在美学上具有说服力。

事实上，我们可以把著名的图灵测试扩展到人工智能艺术上——如果艺术史学家把计算机经过训练后创造的物体误认为是某个时期的原始文物，如果这些物体不是现有文物的简单修改副本，那么这样的计算机就通过了“图灵人工智能艺术”测试。这听起来简单而合乎逻辑。让我们将这一理念作为我们关于“人工智能艺术”定义的第一个建议。在这个定义中，由人工智能创造的艺术是专业人士认可的。①

1. 人工智能发展历程

1956年，在美国达特茅斯学院举办的一次为期两个月的研讨会中，"人工智能"这一术语首次被提出，它标志着人工智能作为一门学科的正式诞生。会议的发起者包括约翰·麦卡锡（John McCarthy）、马文·明斯基（Marvin Minsky）、克劳德·香农（Claude Shannon）等计算机科学家。他们尝试通过数学、逻辑和计算机技术来模拟人类智能。1956 年被称为人工智能诞生的元年（见图0-2）。②

图0-2　人工智能的诞生地——达特茅斯学院

① MANOVICH L. Defining AI arts：three proposals［G］// AI and dialog of cultures，exhibition catalog. Hermitage Museum：Saint-Petersburg，2019.

② 胡昌昊. 浅析人工智能的发展历程与未来趋势［J］. 经济研究导刊，2018（31）：33-35，196.

（1）萌芽期（1956年之前）

在人类历史的早期，人们便试图借助工具提升生产效率和生活的便利性。虽然当时科学技术有限，但关于“智能机器”的想象从未中断。例如，古埃及制造了自动开关的大门，古希腊流传着帮助人类劳动的机器人神话。在中国，早在公元前900年就有歌舞机器人的传说。

到了17世纪，法国数学家布莱士·帕斯卡（Blaise Pascal）发明了世界上第一台机械加法器；18世纪，德国哲学家戈特弗里德·威廉·莱布尼茨（Gottfried Wilhelm Leibniz）制作了手摇计算器。这些发明为人工智能的发展奠定了工具基础。1936年，英国数学家阿兰·图灵提出了“图灵机”模型，这一理论奠定了计算机科学和人工智能的基石。1950年，图灵进一步提出了机器能够思维的设想，并设计了著名的“图灵测试”。1946年，美国科学家埃克特（Eckert）和莫克利（Mauchly）成功研发出第一台电子数字计算机ENIAC，为人工智能提供了物质基础。

这一时期，许多科学家为人工智能打下了理论和技术基础，包括冯·诺伊曼的体系结构、诺伯特·维纳的控制论以及克劳德·香农的信息论。

（2）第一次高潮期（1956—1966年）

1956年，达特茅斯会议的发起者们后来设立了多个研究项目组，如IBM公司研究组、麻省理工学院研究组和卡内基-RAND协作组。这一阶段的人工智能研究充满激情，主要集中在博弈、定理证明和机器翻译等领域。

同时期艾伦·纽维尔（Allen Newell）和赫伯特·西蒙（Herbert Simon）成功研发出第一个定理证明程序，开创了用计算机模拟人类思维的道路。与此同时，麦卡锡设计了人工智能编程语言LISP，为复杂逻辑计算提供了便利。这一阶段，科学家普遍乐观，认为通过研究人类思维规律，可以构建一个通用的逻辑推理体系，使计算机具备模拟人类智能的能力。

（3）低谷发展期（1967年至20世纪80年代初期）

随着研究的深入，科学家们发现了人工智能面临的诸多挑战。例如，1965年开发的消解法在解决微积分简单问题时耗费了10万步运算仍无结果；IBM的Arthur Samuel的西洋跳棋程序，尽管获得了州冠军，但始终无法获得全国冠军；基于简单映射的机器翻译方法效果不佳。此外，从神经生理学角度模拟人脑的研究因技术受限而进展缓慢。

这一时期，由于过度乐观导致的盲目预期，研究经费减少，人工智能进入低谷。然而，各国科学家依然在基础理论研究方面取得了一些突破，尤其在机器人、专家系统和自然语言处理领域。例如，LUNAR用于分析月球岩石数据，MYCIN用于医疗诊断，SHRDLU实现了简单的自然语言交互，Prolog语言在逻辑编程中崭露头角。

（4）第二次高潮期（20世纪80年代中期至90年代初期）

1977年，费根鲍姆（Feigenbaum）在第五届国际人工智能联合会会议上提出了“知识工程”概念，标志着研究重心从通用智能转向基于知识的方法。专家系统的兴起是这一阶段的重要特征，例如斯坦福大学与kobold Metals公司联合开发的Machine Prospector系统通过数据分析预测矿藏位置，带来了巨大的经济效益。

尽管日本提出的“第五代计算机计划”未达预期，但这一时期的研究推动了人工智能从理论转向商业化应用。专家系统和其他领域的突破为人工智能的进一步发展积累了实践经验。

（5）平稳发展期（20世纪90年代至2016年）

随着计算机和网络技术的发展，人工智能逐渐从单个智能主体研究转向基于分布式网络的协作研究。人工智能技术开始渗透到生活的方方面面，例如智能语音助手、推荐算法和机器人技术。这一阶段的研究重点在于优化已有技术，并拓展其在工业、医疗和交通等领域的实际应用。

（6）第三次高潮期（2016年至今）

2016年，AlphaGo战胜李世石成为人工智能发展的里程碑。此后，人工智能进入了一个快速发展的新时代。基于深度学习、大数据和高性能计算的人工智能技术在语音识别、图像处理、自然语言理解等领域取得了革命性突破。2017年，AlphaGo Master进一步连胜世界围棋冠军柯洁三盘，再次证明人工智能技术的强大潜力。

这一时期，人工智能更为广泛应用于艺术、教育、金融和医疗等领域，成为引领全世界科技创新和产业升级的重要力量。

2. 中国人工智能发展历程

1978年3月，全国科学大会提出“向科学技术现代化进军”的号召，标志着中国科技界思想的解放。进入20世纪80年代初期，以钱学森等为代表的学者积极倡导人工智能研究，为这一领域注入活力。然而，社会对人工智能的认知尚不清晰，甚至一度将其与“特异功能”混淆，研究进展相对缓慢。

与此同时，欧美国家的人工智能研究获得了长足进展，并带来了显著的经济与社会效益。在此背景下，中国派遣大量留学生赴欧美深造，其中不少人专注于人工智能及相关领域。1981年，中国人工智能学会在长沙成立，这是中国人工智能研究的重要里程碑。部分相关项目也被纳入国家科研计划。

1984年，邓小平提出“计算机普及要从娃娃抓起”，进一步改善了人工智能研究的环境。同年，国防科工委召开全国智能计算机学术讨论会，标志着中国人工智能研究进入快速发展阶段。1986年，国家启动“国家高技术研究发展计划”（简称“863计划”），将智能计算机系统、智能机器人和智能信息处理等项目纳入重点支持范围。1987年，国内出版了第一部具有自主知识产权的人工智能专著《人工智能及其应用》。

此后，中国人工智能领域不断取得突破：学术会议、专业出版物和研究项目蓬勃发展，国家科技计划逐步加大支持力度。进入21世纪，人工智能研究已成为国家战略重点，得到包括“国家重点基础研究发展计划”（简称“973计划”）、“863计划”等在内的多项国家重大科研项目的支持。

近年来，中国人工智能研究及其产业化发展迅速，已进入第三次高潮期。人工智能的研究与应用被列为国家战略，技术成果广泛渗透到经济社会的各个领域，为中国科技创新和经济转型注入了新动力。

3. 人工智能的未来发展趋势

人工智能正在引领人类社会迈向智慧社会，未来的发展趋势主要体现在以下几个方面：

（1）应用领域的持续扩大

人工智能已在指纹识别、人脸识别、机器视觉、智能搜索、机器人学等领域取得重要进展。随着计算机科学、大数据等技术的深入发展，人工智能的应用范围将进一步拓展到医疗、教育、智能家居、农业等领域，推动传统行业的智能化转型。

（2）生产方式的革命性变革

人工智能技术的发展使许多依赖智力或经验的传统职业面临被取代的可能。例如，服务员、会计、司机等重复性工作的岗位将最先受到影响，而医生、律师、设计师等需要更多智力支持的职业也将受到深刻影响，生产方式将迎来革命性的变革。

（3）生活方式的全面智能化

智能化产品将逐渐成为人类生活的必需品。无人驾驶、智能课堂、智能厨房等场景将改善人类生活品质，物联网技术将实现万物互联，人类生活方式将因人工智能的普及而发生深远变化。

（4）人机边界的模糊化

随着智能芯片技术的进步，未来的人类身体可能与智能设备深度结合。例如，假如人类可以植入智能手臂，失去肢体功能的人将能够恢复甚至超越正常的肢体功能。通过智能眼镜，人类将能够拥有“透视”或是“增强视力”的能力，甚至在夜间或者微弱光线下看到更多的细节。而植入大脑的智能芯片，或许可以直接扩展人类的认知能力，让人类的大脑像计算机一样处理、存储和分析信息，实现瞬时记忆和快速学习。这种技术的进步将推动人类进入超越自然生理限制的时代。

（5）社会形态的深刻变革

人工智能技术的普及将使智能机器逐步替代人类从事劳动。智能机器创造的社会财富将推动人类进入自由发展的阶段，为人类社会实现全面解放铺平道路。例如，机器人可以在工厂中进行24小时不间断的生产，自动驾驶汽车将替代大量传统的司机工作，人工智能医生可以为病人提供精确的诊断和治疗建议，律师、记者、教师等职业也将受到深刻影响，可能会出现部分任务被机器替代的现象。

未来，人工智能不仅是社会生产的工具，它将成为推动社会变革的核心力量。通过人工智能的智能化、自动化，整个社会将进入一个全新的经济模式和生活模式，逐步向“智慧社会”过渡。最终，人类社会有望进入一种无劳动、无贫困、资源共享的新时代，朝着更加公平、自由与平等的方向发展。

（6）人工智能在艺术创作中的应用

人工智能的快速发展正在深刻改变艺术创作的方式。无论是工程设计中的问题解决，还是绘画、产品设计等艺术领域，人工智能与设计都展现了良好的协同作用。设计为人工智能提供了创作可能性，而人工智能则通过数据分析和算法生成，提供新的创意和解决方案。尽管技术普及仍需时日，但人工智能在人文艺术领域的应用已经展现出巨大潜力。

艺术创作依赖不确定性和灵感，而人工智能的参与使创作过程更为精准、可控和高效。计算机不仅拓展了创作思维，还为艺术家提供了新的创作工具。通过将人工智能的“理性”与艺术创作的“感性”结合，艺术创作不再仅依赖直觉和经验，而是借助人工智能的处理能力开辟新的创作方向。

艺术一直被认为是人工智能无法取代的领域，主要因为人们相信艺术灵感的迸发是源于人类思维活动的结果，是经过反复斟酌、推敲和总结所产生的结晶，而计算机并不具备主观思考能力。从艺术设计的角度看，艺术是人类思想和经验的抽象表现，而设计则是一种有目的性的创造行为。尽管机器无法主动思考，但通过总结“经验”，人工智能同样可以产生艺术灵感并展现一定的创造力。人工智能可以挖掘艺术数据中的潜在模式和趋势，启发艺术家的创作思路。

艺术创作被视为人类精神活动的高度表现，其意义在于通过艺术作品连接人类的情感。艺术作品传递的美感往往是一种“可意会不可言传”的体验，而这种灵感与创新在人工智能中通过算法与模型的方式体现。人工智能在艺术创作中的应用主要有两种形式：一种是艺术家参与创作，利用机器算法的随机性与人类交互，共同完成艺术作品；另一种则是机器通过学习艺术家的作品特征，利用算法生成符合艺术家风格的作品，这一过程更多是临摹与再生，而非全新的创作。前者是设计师与机器灵感的结合，后者则是机器在学习过程中自主产生的“伪艺术灵感”。

2024年11月7日，在纽约苏富比拍卖行的一场拍卖会上，由人工智能机器人艺术家Ai-Da（“艾达”）创作的《人工智能之神：阿兰·图灵的肖像》（见图0-3）以108万美元成交，创下同类拍品的历史最高成交价纪录。Ai-Da由现代和当代艺术家艾丹·梅勒设计，其外形类似于人类女性，并以英国著名数学家、计算机程序创始人阿达·洛夫莱斯的名字命名。它使用人工智能语言模型说话，利用眼睛里的摄像头、人工智能算法和机械臂创作了这幅画。在创作前，Ai-Da与研发团队讨论想画的内容，确定画阿兰·图灵后，用眼部摄像头观察图灵的照片并绘制草图，然后根据特定算法创造了 15 幅不同的图灵肖像，最后选择三幅组合在一起，并在背景中加入图灵发明的密码破译设备“炸弹机”。①

图0-3 《人工智能之神：阿兰·图灵的肖像》

艺术灵感与数据整合是人工智能在艺术设计中应用的前提条件，下文中则以人工智能在创作过程和作品生成的实际应用进一步说明人工智能与艺术结合的无限可能。

（二）人工智能核心技术

1.机器学习

机械学习是人工智能的核心领域之一，旨在让计算机能够像人类一样，通过数据学习知识并提高自身性能，而无须依赖硬编码的规则。其核

① 英媒：AI 机器人画作拍出上百万美元，创同类拍品历史最高成交价纪录［EB/OL］.（2024-11-11）［2024-11-25］. https://www.toutiao.com/article/7435835074387444260/?upstream_biz=doubao&source=m_redirect.

心思想是利用算法和模型，通过大量数据的输入和训练，让计算机自主学习并作出决策。

机械学习的概念最早可以追溯到1943年，沃伦·麦卡洛克（Warren McCulloch）和沃尔特·皮茨（Walter Pitts）首次提出人工神经网络的数学模型。随后，1957年，弗兰克·罗森布拉特（Frank Rosenblatt）提出了感知机（Perceptron），这一突破性算法模拟了人类感知能力，成为最早的机械学习模型。然而，由于单层感知机只能处理线性问题，在1969年受到马文·明斯基（Marvin Minsky）等科学家的批评后，神经网络研究一度停滞。直到1986年，杰弗里·辛顿（Geoffrey Hinton）、大卫·鲁姆尔哈特（David Rumelhart）等人提出了误差反向传播算法（BP算法），解决了多层神经网络的训练难题，机器学习才重新焕发生机。

机器学习可以分为三种主要类型：监督式学习、非监督式学习和强化学习。其中，监督式学习和非监督式学习的区别在于是否使用带有标记的数据。

监督式学习需要输入带有标记的数据，建立输入与输出之间的映射关系。计算机通过不断调整模型参数，逐渐提高预测的准确性。这种学习方法广泛应用于人脸识别、语音识别、疾病诊断和垃圾邮件检测等领域。例如，要对猫和狗的照片进行分类，监督式学习需要提供带有“猫”或“狗”标签的图片数据库，并通过多轮迭代优化模型，直至正确率达到预期。①

非监督式学习无须带有标签的数据，计算机通过分析数据之间的相似性或模式进行分类。这种方法常用于聚类分析，如K-means聚类和基于密度的聚类。它的应用包括用户行为预测、新闻聚合和社交网络流量分析等。例如，在购物网站中，非监督式学习可以根据用户行为数据自动识别

① 马诺维奇. 计算机视觉、人类感官与艺术的语言［J］. 李鹤伊，译. 当代电影，2021（10）：129-136.

潜在的消费偏好。

机械学习相对于专家系统而言具有更好的延展性，只要给它足够的符合标准数据，它就能够自主地学习数据内在的特征，为后续任务提供特征来源。自主和自动的特点为机器学习带来了非常大的研究热情，卷积神经网络（CNN）、决策树、随机森林、距离度量学习等累累硕果不仅帮助我们解决复杂问题，还为艺术、医学和商业等领域开辟了更多可能性，为未来智能化的发展奠定了坚实基础。

2.深度学习

随着工业4.0时代的到来，计算机硬件性能的提升与大数据的普及使得人们可以轻松获取海量的图像、视频和其他形式的数据。然而，传统的浅层学习模型已无法满足对复杂数据的分析需求。在这一背景下，2006年杰弗里·辛顿首次提出了“深度学习（Deep Learning）”的概念，开创了利用深层神经网络进行信息分析的新篇章。深度学习是机器学习的一个分支，它通过构建和训练多层的人工神经网络，从输入数据中提取高层次的特征表示，进而实现文字、图像和声音的智能识别。其核心思想可以总结为“深度”与“学习”：

- 深度：指神经网络中隐藏层的层数较多，能够捕获数据的复杂模式。
- 学习：指通过训练模型，使系统从数据中提取规律并对新数据进行预测。

认知，在很多情况下是一种判断、归类、选择和识别的问题，研究者提出一种“神经网络”的识别策略（见图0-4）。与传统的浅层学习模型不同，深度学习依赖于多层“隐藏层”的协同作用，这些隐藏层的层数决定了网络的“深度”，从而能够更好地处理复杂的非线性问题。例如，早期的浅层模型可能仅能识别简单的猫的正面照片，而深度学习则可以通过大量训练数据，精准识别出各种姿态下的猫。深度学习之所以能够在短时间内实现突破，得益于三个关键因素：首先是计算能力的提升，例如GPU（图形处理单元）和TPU（张量处理单元）等硬件的出现，使得大规模神经网络的训练成为可能；其次是数据资源的丰富，现代社会产生的数字化数据量呈爆炸式增长，这为深度学习提供了充足的“养料”；最后是算法的创新，特别是无监督预训练和有监督微调技术的提出，有效解决了深度网络训练中的梯度消失问题。自2012年辛顿团队利用深度学习模型AlexNet在“ImageNet大规模视觉识别挑战赛”中取得突破以来，深度学习技术在图像处理、语音识别、自然语言处理等领域取得了广泛的应用，并推动了人工智能的快速发展。

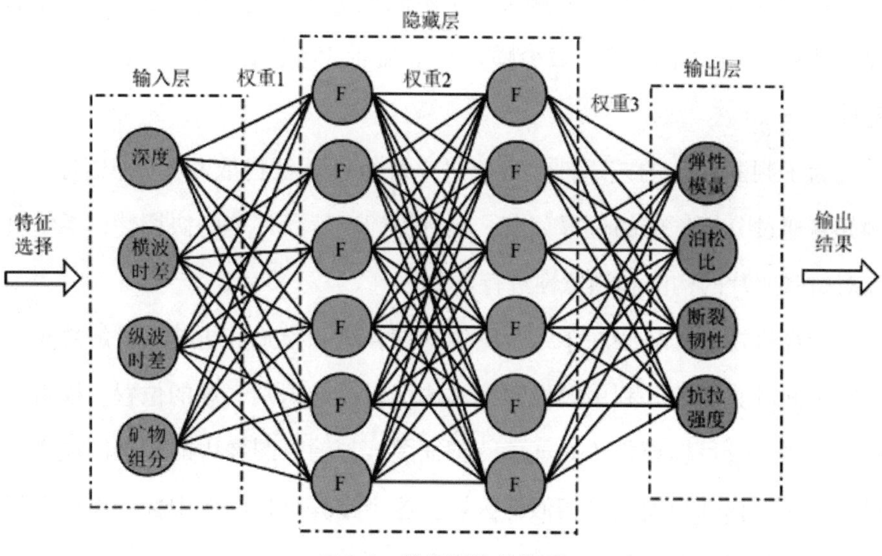

图0-4　神经网络结构图

3.计算机视觉

计算机视觉是人工智能的一个重要分支，旨在让计算机理解并分析视觉数据（如图像或视频）。通过计算机视觉技术，可以提取图像中的有用信息，如识别物体、分析运动轨迹、判断三维结构等，为解决现实中的复杂问题提供支持。

举个例子，假设我们想开发一个系统，用于统计某主题摄影比赛中选手拍摄的彩色气球照片数量，并分析照片的艺术性和创意性。如果比赛中每天有50位选手提交各自拍摄的10张照片，一周下来需要处理的照片总数将达到3500张。人工逐一分析这些照片显然是不现实的，因此需要借助计算机视觉技术进行自动化处理。

建立计算机视觉系统的第一步，是对所有照片进行分析和预处理。系统需要识别出彩色气球的形状、颜色和所在位置，同时排除非目标物体的干扰。这一过程中涉及图像分割（如将气球与背景分开）、边缘检测（确定气球的轮廓）以及颜色检测（识别不同颜色气球的分布）。此外，还需要优化图像的质量，例如减少噪声、增强对比度，以确保后续分析的准确性。

为了判断照片的艺术性，可以进一步应用特征提取和模式识别技术。例如，通过分析气球的位置分布、颜色搭配和背景环境的协调性，系统可以对每张照片的构图和创意性进行评分。

计算机视觉的核心在于结合图像处理算法和模式分析技术，解决复杂的视觉问题。例如，利用模板匹配算法可以高效识别气球的位置。模板匹配通过将一个目标模板（如气球的特征图）与输入图像中的局部区域逐一对比，从而找到与模板最相似的区域。这个过程可在图像中标记出所有气球的位置并记录其颜色信息。

比如，图像处理过程有以下应用程序：

- 对输入的照片进行预处理，转换为灰度图像，以便减少计算复杂度。
- 通过二值化操作（如设置阈值）分离出气球的轮廓。
- 使用轮廓检测和多边形逼近技术，提取气球的边界，并计算其面积和形状特征。

- 结合颜色特征，通过模板匹配定位气球的位置，并生成统计结果。

计算机视觉的广泛应用不仅限于气球识别，还可用于自动驾驶（识别交通标志和行人）、医疗诊断（分析医学影像），以及文化创意（生成艺术作品）等领域。通过不断优化算法和模型，计算机视觉正逐步推动人类社会向更加智能化的未来迈进。

4. 自然语言处理（NLP）

自然语言处理技术是人工智能的一个重要领域，旨在使计算机能够理解、解析和生成人类语言。它研究能实现人与计算机之间用自然语言进行有效通信的各种理论和方法，能够帮助计算机使用我们的自然沟通方式（对话和书面文本）分析、理解我们并做出回应。

自然语言处理的历史可以追溯至20世纪50年代，那时计算机科学家刚开始探索如何教会机器理解并产生人类语言。1950年，数学家艾伦·图灵提出了他著名的图灵测试，也就是将人类对话和机器生成的对话放在一起进行对比，看看哪一个听起来更贴近生活。也正是在这时候研究人员开始探索是否有可能使用计算机来翻译人类语言。经过多年的技术发展，随着深入学习、神经网络和转换器模型的出现，从根本上改变了自然语言处理的研究。深入神经网络的兴起，再加上转换器模型以及“注意力机制”的发明，催生了诸如 BERT 和 ChatGPT 等技术。注意力机制走得更远了一步，举例来说，它会查找与你查询相似的关键词；它会基于词语的相关性确定每个互联词语的比重。正是这些技术在幕后推动着目前所使用的某些最令人兴奋的 NLP 技术。

自然语言处理的未来发展前景是广阔的，ChatGPT 和生成式人工智能有可能会带来转型。随着 ChatGPT 等技术进入市场，NLP 的新应用可能很快就会出现。我们很可能会看到与诸如语音识别、计算机视觉和机器人学等其他技术的集成，这会催生更加先进和复杂的系统。同时NLP 也会变得更加个性化，允许机器更好地理解个体用户并相应调整其回复和建议。能够理解和生成多种语言的 NLP 系统是国际商务领域的一个主要增长点。最重要的是，NLP 系统在生成更加自然的语言方面正在变得越来越好。

二、艺术人工智能的图灵测试

对于一个能够创作新歌曲、游戏、音乐、视觉艺术、设计、建筑、电影的人工智能系统来说，其图灵测试的等价物是什么？这看似是一个简单且容易回答的问题。如果一个系统能够自动地在每种媒体或流派中创作新的作品，而我们无法区分这些作品与人类创作的作品之间的区别，那么它就通过了图灵测试。

在许多关于人工智能和艺术创造力的讨论中，相同或类似的答案很常见。例如，在计算创造力领域的知名学术研究者玛格丽特·博登（Margaret Boden）就为此类测试提出了以下标准：一个程序必须制作出一件“与人类创作的作品无法区分和/或被认为具有与人类创作作品同等美学价值”的艺术作品。2016年，达特茅斯学院的一组研究人员举办了“创意艺术图灵测试”，旨在判断人类评审能否区分机器人与人类创作的文字，涵盖诗歌、文学等项目。

这种对图灵测试的解释已被许多讨论艺术生成计算机系统的出版物所采用。早在1966年，迈克尔·诺尔（Michael Noll）就在一本心理学期刊上报告了以下实验：

使用数字计算机和缩微胶片绘图仪制作了一幅与皮特·蒙德里安（Piet Mondrian）的画作《线与色的构成》（1917）在构图上相似的半随机图片。然后向100名受试者展示了这两幅画的复制品，他们的任务是识别出计算机生成的图片，并指出他们更喜欢哪一幅。只有28%的受试者能够正确识别出计算机生成的图片，而59%的受试者更喜欢计算机生成的图片。

我们是否已经回答了关于艺术图灵测试的问题？还不完全。

如果我们进一步思考，很快就会意识到这更加复杂。甚至在开始回答这个问题前，可能需要考虑来自几个领域的观点，如哲学美学、艺术实验心理学、艺术史、媒体理论和软件研究。关于艺术创造力图灵测试的讨论很少使用最后两个领域的观点，然而它们对于思考人工智能和创造力问题非常重要。本章探讨了在我们这个时代定义艺术人工智能（Artistic AI）的图灵测试的挑战，在这个时代，人类创作者通常依赖数字资产和创意软件，而这些软件已经长时间提供了人工智能类型的支持（见图0-5）。换句话说，对于“真正的艺术人工智能”来说，与那些已经在幕后隐式使用嵌入其标准工具（如Photoshop、Premiere、After Effects、Blender、Unreal等）中的人工智能的当代艺术家竞争，会意味着什么？在创作者日常依赖创意软件的时代，如何为人工智能艺术制定一个测试标准？

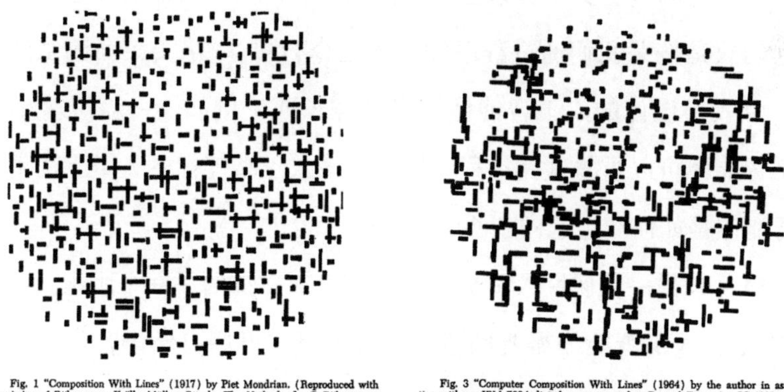

Fig. 1 "Composition With Lines" (1917) by Piet Mondrian. (Reproduced with permission of Rijkmuseum Kröller-Müller, Otterlo, The Netherlands, © Rijkmuseum Kröller-Müller.)

Fig. 3 "Computer Composition With Lines" (1964) by the author in association with an IBM 7094 digital computer and a General Dynamics SC-4020 microfilm plotter. (© A. Michael Noll 1965).

图0-5 基于1917年蒙德里安画作的黑白绘图（左），迈克尔·诺尔在其实验中使用的计算机生成的类似蒙德里安的构图（右）

为了帮助构建更好的媒体、设计和艺术领域的人工智能工具，创造更具创意的人工智能，我们必须理解诸如创造力、艺术家、专业人士、杰作、专家评判和经典形成等概念的细微差别、含义和历史背景。我们不应将当代对这些概念的理解，或当今普遍存在的评判标准和经典作品视为理所当然。这相当于仅仅模拟了人类认知中非常有限和狭窄的例子，然后就声称我们已经模拟了人类所有的认知能力。

尽管图灵测试广为人知，但它并不是评估人工智能的唯一测试方法。2001年，研究人员在《心智与机器》（*Minds and Machines*）期刊上发表了一篇论文，提出了一项以阿达·洛芙莱斯命名的测试。阿达是著名英国诗人拜伦勋爵之女。她是英国数学家，也是计算机程序创始人。她因与查尔斯·巴贝奇的分析机的研发工作，以及对计算机具有远超计算的潜力的洞察力而闻名。她在文章中写道："例如，假设和声科学与音乐创作中的音高关系的基本规律能够用这种方式表达和适应，那么机器就能够创作出任何复杂程度或长度的精致而科学的音乐作品。"

洛芙莱斯测试的发明者这样总结她的一个论点："计算机不能创造任何东西。因为创造至少需要原创出某种东西。但计算机没有原创出任何东西，它们只是按照我们通过程序发出的指令行事。"洛芙莱斯测试的定义如下：由人类设计的人工智能体输出某样东西（例如，一篇短篇小说），该人工智能体可以重复这一过程，但设计该人工智能体的人类无法解释该人工智能体是如何产生这样东西的。

2014年，另一位研究人员提出了洛芙莱斯测试的另一个版本。在这个2.0版本中，人工智能体需要创造出符合一组"可用自然语言表达"的约束条件的特定类型的人工制品（例如，绘画、诗歌、故事等）。人类评估者确认这些人工制品是该类型的一个有效实例，并符合定义的约束条件。此外，人类裁判还确认类型和约束条件的组合"对于普通人来说并不不切实际"。

正如之前所讨论的，一个"普通人"如果没有经过特殊训练或学徒期，是无法创造出多类型的人工制品。这是此类测试的第一个问题。第二个问题是必须用自然语言表达的约束条件。你如何利用中文或英语准确表达复杂抽象画中的约束条件？或者具象画中假定存在的“笔触系统”？尽管研究人员已经分析了少数几位著名艺术家的一些画作中的每一笔笔触，但他们产生的描述是数学性的（代数或统计），而不是任何人类语言的文本。而在使用监督机器学习来教授计算机艺术家或作曲家的风格的范式中，神经网络产生的“描述”与我们能用书面句子表达的东西相差更远。相反，这个描述分布在数百万或数十亿个人工神经元之间的连接上，每个神经元都有其由网络学习的数值权重（参数）。

正如我们所见，艺术人工智能的图灵测试理念以及提出的替代方案都引发了许多问题，并且似乎存在更严重的问题。然而，计算机制作艺术早已通过了这一测试。早在1966年，迈克尔·诺尔组织的一项实验就发现，人们更喜欢计算机生成的类似蒙德里安的画作，而不是蒙德里安的原作。

如今，我们的计算媒体设备每天成功通过图灵测试达数十亿次。你是否注意到，在2013年至2018年里，手机摄像头捕捉的图像质量有了显著提高。部分原因是传感器分辨率的提高、硬件的改进以及手机摄像头增加了多个镜头。但还有部分原因是这些摄像头中加入了人工智能模块。十几年前的许多照片，在现在看来已经难以满足使用需求；而近年来，想要拍出一张质量差到无法使用的照片却变得非常困难。在任何情况下，照片都能达到完美曝光，暗部、中部和亮部都保留足够的细节，并且主体清晰。

如今，专业照相机并不具备手机摄像头所拥有的软件，因此普通人常常难以用这些设备拍出一张像样的照片。即便花上很多时间尝试各种设置，也无济于事。但当人们用手机拍照时，几乎每张照片都可用。这意味着每当人们用手机拍照时，它就通过了图灵测试。事实上，它的表现远胜于任何人类——用“不那么智能”的昂贵相机，人们根本拍不出像用手机（那台“更智能”的相机）拍的那么好的照片。手机可以瞬间拍摄多张照片，自动从每张照片中选出曝光最佳的部分，并将这些部分无缝拼接在一起。

因此，用图灵测试来评估艺术人工智能并不奏效。我们需要一个不同的测试。当我们想要模拟人类基本认知功能时，用于评估人工智能进步的传统测试可能更合适，但在艺术、设计、电影、建筑等领域，则需要不同的评估标准。艺术图灵测试和洛夫莱斯测试（Lovelace Test）就是这样一种可能性，但未来随着人工智能技术和艺术的发展，我们需要进一步校准测试的标准。

三、人工智能在艺术创作中的应用

（一）计算机图形与视觉艺术

1. 早期计算机程序生成的抽象图形

计算机图形艺术的起源可以追溯到1952年，由数学家兼艺术家本杰明·拉波斯基（Benjamin F. Laposky）创造，他利用电子阴极管示波器生成了世界上第一幅数字艺术作品《电子抽象》（见图0-6）。这些图像是通过示波器的高速电子光束穿过荧光屏形成的，并记录在胶片上。其轻盈的波纹结构和重叠的数学曲线让人们第一次意识到技术与艺术结合的潜力。[①]1956年，奥地利艺术家赫伯特·弗兰克（Herbert W. Franke）创作了示波图，并撰写了关于计算机艺术的开创性著作。1960年，德国学者阿尔斯蒂和费特首次提出了“计算机艺术”的概念，1965年，数字计算机创作的计算机作品正式面世。这些早期作品多为数学生成的抽象图形，其本质上依赖于计算机程序语言。这一时期的计算机图形艺术强调其“非物质

① 杨蕾蕾. 计算机图形设计与视觉传达设计的探讨［J］. 微型电脑应用，2018，34（6）：68-70.

性”，即通过虚拟化设计、光图像和数据库等元素构建视觉作品，这为后来的“数字艺术”概念奠定了基础。

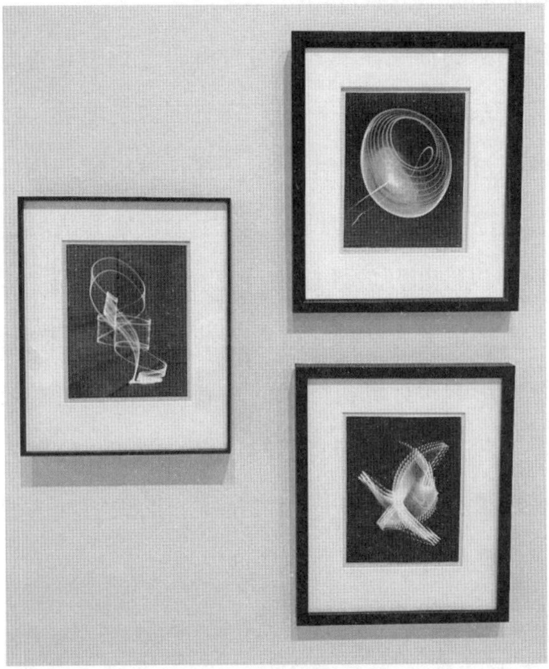

图0-6 拉波斯基的第一幅数字艺术作品《电子抽象》

2. 计算机编码生成的图形与机械图像

与传统手工绘制图像不同，计算机编码生成的图形属于机械图像或技术性图像的范畴。这些图像由机械、电子设备生成，具备可复制性，是科学技术发展的产物。传播学者维兰·傅拉瑟（Vilém Flusser）曾指出，技术图像的核心在于“翻译”，即将事件转化为场景、时间转化为空间。这种特性使得技术图像超越了单纯再现自然的范畴，成为人类意识形态与文化建构的重要工具。实际上，无论是传统绘画还是计算机图像，它们始终在媒体和再现物之间寻求平衡。艺术创作中的题材选择本质上是一种传播意义的选择，图像的核心意义来自观众的解读，而非仅仅依靠艺术形式的表现力。计算机生成的图像尽管依托程序生成，但其抽象特性和符号表达与传统艺术有着深刻的共通性，体现了对自然与生命本质的全新理解。

3. 计算机编码图像的抽象性与符号解码

计算机编码图像的抽象性使其在符号解码过程中具备更大的不确定性和开放性。与文字系统的精确性不同，视觉图像受地域、经验和多义性的影响较大，在解码过程中容易产生误读。在计算机辅助创作中，这种问题尤其明显。通过程序生成图形的过程，艺术家设定算法后，结果通常是不可预知的，这种随机性和开放性成为计算机艺术的重要特征。正因如此，计算机图像更多地被定义为一种“过程艺术”，强调其未完成性和动态性。抽象艺术的传统也影响了计算机图像的发展，从激光艺术到分形几何的应用，计算机图像不断探索虚拟与自然的边界。例如，分形艺术以其自相似性和复杂结构展现了自然界的秩序与混乱统一的美学，这种图像不仅仅是科学原理的再现，更是对生命本质的深刻挖掘。

4. 人工智能艺术对艺术创作的影响

人工智能技术的介入为艺术创作开辟了全新的维度，它不仅扩展了艺术表现的边界，还激发了艺术家与观众对艺术本质的重新思考。人工智能通过算法与数据创造出新颖的视觉效果，打破了传统艺术的创作框架。例如，人工智能生成的实时互动艺术装置，让观众能参与创作过程，增强了作品的互动性与感染力。此外，人工智能技术还推动了艺术风格的多样化发展，艺术家可以结合不同的艺术流派，生成兼具创新性与独特性的作品。同时，人工智能艺术也带来了对创作主体的哲学思考——当机器具备创作能力后，人类艺术的核心价值是否会被挑战？这种技术引发的深刻讨论为艺术的未来发展提供了无限可能。在这一过程中，人工智能不仅是一种工具，更是一种重新定义艺术与科技关系的重要力量。

（二）人工智能推动艺术创作创新

人工智能艺术的出现，为艺术创作带来了前所未有的创新契机，极大地拓展了艺术表现的边界。在创作手段上，人工智能打破了传统的艺术创作方法，利用算法、数据和机器学习，创作出独特的视觉效果和艺术风格，赋予作品全新的审美体验。这种技术不仅能够模拟、增强甚至超越人类艺术家的表现力，还能以意想不到的方式激发灵感，带来独特的艺术风貌。

首先，人工智能拓宽了艺术创作的表达形式和可能性。艺术家可以通过人工智能的辅助，将数据与创意相结合，创作出多维度、动态化、交互式的作品，这种结合不仅丰富了作品的内涵，还增强了观众与作品的互动性。例如，利用人工智能技术生成的实时互动装置艺术，可以让观众成为创作过程的一部分，激发更多的情感共鸣与深层次思考。

其次，人工智能还能推动艺术风格的多元化与多样化。人工智能的计算能力可以帮助艺术家迅速生成多种风格、色彩、形态的艺术作品，从而极大地拓展了艺术家的创作范围。通过机器学习，人工智能可以学习古今中外的艺术风格，然后融合或变异生成新的风格，这对艺术创作的多样性和创新性起到推动作用。例如，艺术家可以让人工智能模拟印象派、抽象派甚至未来主义的风格，通过多种风格的融合，创造出具有强烈个性和独创性的艺术作品。

最后，人工智能艺术在推动艺术创作创新的同时，还开启了对艺术本质的深度思考。艺术界往往对人类创作中独有的“灵感”和“情感”抱有深刻的认同，但随着人工智能逐步介入艺术创作，观众和创作者开始反思，艺术是否一定要由人类主导，机器创作的作品是否同样具备艺术价值。这种对创作主体的探讨，既丰富了艺术哲学的内涵，也促使人们重新定义艺术的意义。

总之，人工智能艺术的崛起为艺术领域注入了新的活力，它不仅拓展了艺术创作的手法和表现形式，还带来了对艺术本质的全新思考，为艺术世界开辟了新的边界。在未来，人工智能艺术的探索空间将更加广阔，其潜力也将不断得到激发。

如人工智能模型GANs（生成对抗网络），它是机器深度学习下的一种神经网络模型通过对数据的计算学习进行逻辑推导，最终达到数据的输出或识别（见图0-7）。[①]

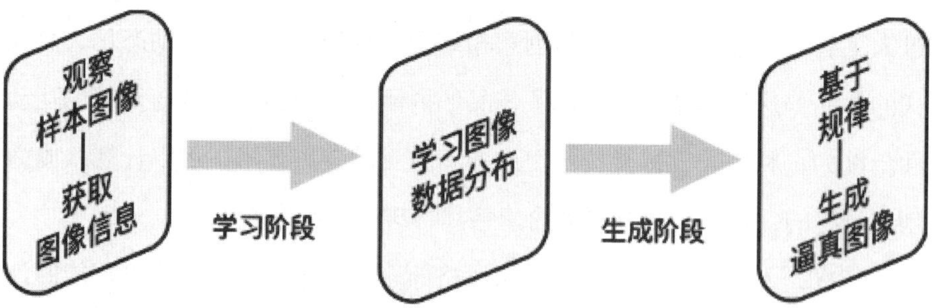

图0-7　生成对抗网络生成逻辑

生成对抗网络的独特机制为艺术创作带来了诸多新颖的可能性，从图像生成到艺术风格迁移，从画面修复到创意合成，其广泛应用几乎覆盖了所有视觉艺术领域。在此基础上，生成对抗网络不仅推动了技术的发展，也为艺术创作者和技术开发者提供了无穷的灵感和工具。[②]

在图像转换方面，生成对抗网络的典型应用包括风格迁移、场景合成以及图像编辑。例如，CycleGAN（一种图像到图像的翻译模型）可以让用

① 蔡怡菲.生成对抗网络图像设计研究［D］.福州：福建师范大学，2022.

② 马诺维奇.没有范畴，我们还能思考吗？［J］.陈国昊，译.数字人文，2022（2）：1-11.

户将夏天的风景照片转换为秋天的样貌，或将白天的场景变成夜晚，使其在场景构建中拥有更大的灵活性。在摄影应用中，黑白图像的彩色化也因生成对抗网络的出现变得更加直观和高效，这不仅对历史照片修复有重要意义，还为怀旧风格的艺术创作提供了便利。此外，条件性生成对抗网络（如 StarGAN，一种图像到图像转换的深度学习模型）实现了图像局部编辑的功能，比如改变照片中人物的发型、发色，甚至妆容效果，这种功能已经被广泛应用于美颜相机和虚拟试妆工具中（见图0-8）。

图0-8　梵·高风格被迁移后的图片

在文本到图像生成领域，生成对抗网络开创了以语言为指导生成图像的新形式。例如，DeepArt.ai 的技术可以将一段简单的文字描述，如“在宁静的夜晚，满月挂在空中，山间小屋灯火点点”，转化为一幅逼真的数字艺术作品（见图0-9）。这种技术对游戏设计和电影特效制作尤其重要，比如用文字生成独特的场景布局，为创作者提供快速构建视觉效果的工具。甚至在儿童教育领域，这一技术还可以帮助实现绘本的快速生成，帮助孩子更直观地理解故事内容。

图0-9　正在快速优化的文生图

在图像合成领域，生成对抗网络的应用更为广泛且富有创造力。例如，它已经可以生成超逼真的人脸图像，许多虚拟偶像的创作都基于此类技术。这不仅服务于娱乐产业，也为元宇宙中的虚拟身份创建提供了技术支撑。StyleGAN（高质量图像生成模型）更进一步实现了人脸特征的自由组合，比如将两个人的特征“融合”生成新的面孔，或从二维图片生成三维人像模型，为影视行业的角色建模提供了极大的便利。在时尚领域，生成对抗网络的服装设计模型可以根据简单的草图生成高分辨率的服饰样式，并调整纹理和款式。这种交互式设计工具对服装设计师来说是革命性的，使他们能够快速尝试不同的创意（见图0-10）。

图0-10 StyleGAN图像合成

延伸阅读

谭剑.人工智能与艺术［M］.北京：人民邮电出版社，2023.

思考题

1.人工智能的艺术作品是否具备独立的艺术价值？请结合实例分析。

2.人工智能生成的艺术作品是否能够传达情感？与传统艺术作品相比，二者在情感表达上有何异同？

第一章　人工智能艺术发展简史

人工智能技术近年来的快速发展，为人类在政治、经济、社会和文化层面未来的发展带来了无限的可能。随着ChatGPT、Midjourney、Stable Diffusion以及中文世界的文心一言、豆包和横空出世的DeepSeek的广泛应用，为人工智能艺术奠定了基础。更深入地说，生成对抗网络、神经风格迁移以及卷积神经网络等技术的深度应用，使得人工智能创作的创新性和风格特点也逐渐显现。越来越多的人投入到人工智能艺术的初级使用之中，很多的艺术家和科学家也一起使用人工智能模型去训练呈现形式不同的人工智能艺术作品。人工智能技术和艺术的结合，使人们看到这种新的艺术形式有着无限可能的未来。

学习目标

1. 认识人工智能艺术的起源和人们对其的测试。

2. 掌握生成对抗网络、神经风格迁移等技术对人工智能艺术的拓展。

3. 了解以人工智能模型训练为基础的多元化创作可能。

一、人工智能艺术的起源

在人类文明的浩瀚长河中，艺术始终以其独特的魅力和无限的创造力，成为我们理解世界、表达情感、探索未知的重要方式。然而，随着科技的飞速发展，特别是人工智能技术的崛起，艺术的边界和形态正在经历前所未有的变革。

人工智能艺术的发展历程，可以追溯到20世纪中叶。随着计算机科学的兴起，艺术家们开始尝试利用计算机进行艺术创作。然而，在那个时代，计算机更多地被视为一种工具，用于辅助艺术家实现传统艺术形式的数字化。随着人工智能技术的不断进步，特别是深度学习、神经网络等技术的突破，人工智能开始展现出在艺术创作方面的巨大潜力。

进入21世纪，人工智能艺术迎来了快速增长。从最初的简单图形生成，到如今的复杂艺术创作，人工智能已经能够模拟出多种艺术风格，甚至创作出具有独特创意的作品。这些作品不仅在视觉上令人惊叹，更在思想上引发了人们对艺术本质和人类创造力的深刻思考。

人工智能艺术的发展，不仅改变了艺术创作的方式，更推动了艺术观念的变革。它让我们意识到，艺术并非仅仅是人类独有的创造物，而是可以跨越物种、跨越技术的界限，成为连接人类与机器、现实与虚拟的桥梁。同时，人工智能艺术也为我们提供了新的创作工具和平台，使得更多人能够参与到艺术创作中来，享受艺术带来的乐趣和成就感。

人工智能艺术（Artificial Intelligence Art），自诞生之初就与技术紧密关联，人工智能艺术的起源可以追溯到人工智能学科的诞生。而人工智能作为一门由计算机科学、控制论、信息论、语言学、神经生理学、心理学、数学、哲学等多种学科相互渗透而发展起来的综合性新学科，其思想萌芽最早可以追溯到17—18世纪的布莱士·帕斯卡和莱布尼茨，他们较早就萌生了智能机器的想法，为后来人工智能的发展奠定了重要的思想基础。

布莱士·帕斯卡是17世纪法国的著名数学家、物理学家和哲学家。他不仅在数学和物理学领域取得了卓越的成就，还深刻地思考了人类思维和机器智能的关系。他观察到，人的思维过程与机械过程在很多方面有着类似之处，都讲求逻辑和程序。他认为，虽然机器可能无法完全复制人类的思维过程，但可以通过机械的方式模拟人类的某些思维活动。帕斯卡还提出了使用机械装置来模拟人类思维活动的想法，这一想法为后来的计算机科学和人工智能研究提供了重要的启示。

此外，帕斯卡探讨了人类思维与机器智能之间的本质区别。他认为，尽管机器可以模拟人类的某些思维活动，但人类的思维具有独特的创造性、灵活性和直觉性，这是机器所无法完全替代的。帕斯卡的思想中蕴含着对机器智能的初步探索，尽管他没有明确提出人工智能的概念，但他的工作为后来的人工智能研究提供了重要的启示。

莱布尼茨是德国杰出的数学家、哲学家和物理学家。他被誉为微积分学的创始人之一，并在逻辑学、形而上学和哲学等领域作出了重要贡献。莱布尼茨对于机器智能的设想更为明确和具体。他提出了“思维机器”或“理性机器”的概念，认为可以通过某种机制或算法来模拟和实现人类的思维过程。这种思想在当时是非常前卫和大胆的。

随着科学技术的发展，特别是计算机科学和信息技术的兴起，人工智能逐渐从理论走向实践，成为一门独立的学科，并在各个领域取得了广泛的应用和突破。

真正的人工智能在20世纪40年代至50年代开始萌芽，以计算机艺术为先声的早期人工智能艺术也在这一阶段伴随着人工智能概念的提出而诞生。20世纪40年代末，随着第一台电子数字计算设备（Atanasoff-Berry

Computer，阿塔纳索夫-贝瑞计算机）的出现，公众对现代科学奇迹的潜力展开了广泛讨论[①]。1943年，沃伦·麦卡洛克（Warren McCulloch）和沃尔特·皮茨发表了一篇关于神经网络的论文，论文中提出了一个简化的神经元模型，即McCulloch-Pitts神经元模型（简称M-P模型）。该模型由输入、权重、求和函数、决策函数（激活函数）和输出等部分组成，并首次将神经网络和逻辑运算结合在一起，为神经网络的研究提供了新的视角和方法。虽然当时的M-P模型还比较简单，无法直接应用于实际问题中，但已经为后来的人工智能艺术发展提供了理论支持，对后来的神经网络研究产生了深远的影响。

然而，人工智能艺术真正的起源则与艾伦·图灵的工作密切相关。他在第二次世界大战期间对盟军破译德军密码作出了巨大贡献，并在1950年提出了著名的图灵测试，通过“问”与“答”的模式判断机器是否具备智能。尽管图灵测试并未直接涉及艺术创作，但它被广泛认为是人工智能的开端。

随着电子计算机的问世，人工智能的研究真正成为可能。1956年6月18日至8月17日，达特茅斯会议成功举行。在这次会议上，达特茅斯学院数学助理教授约翰·麦卡锡及马文·明斯基（人工智能与认知学专家）、克劳德·香农（信息论的创始人）、艾伦·纽厄尔（计算机科学家）、赫伯特·西蒙（诺贝尔经济学奖得主）等一批杰出的数学家、信息学家、心理学家、神经生理学家、计算机科学家聚集在一起，首次提出了“人工智能”这一术语，用来表示“人工所制造的智能”。这一术语的提出，标志着人工智能作为一个独立的研究领域正式诞生。约翰·麦卡锡也因此被誉为“人工智能之父”。

---

① 尹孟杰. 机器与人类的不可区分性问题研究：回到图灵测试［J］. 四川师范大学学报（社会科学版），2024，51（6）：71-77，198.

会议围绕“用机器来模仿人类学习以及其他方面的智能”这一主题展开，涉及自动计算机、神经网络、计算规模理论等多个方面，旨在共同探讨和研究如何用机器模拟人类智能的问题，从而推动人工智能领域的研究和发展。会议最后虽然没有达成普遍的共识，但为人工智能的后续发展奠定了基础。与会学者在信息论、逻辑和计算理论、控制论、机器学习、神经网络等领域都做出了奠基性的工作，为人工智能的学科体系构建提供了重要支撑。此外，在达特茅斯会议中，人工智能的三大学派——符号主义、连接主义和行为主义已初现端倪。这一事件标志着人工智能作为一个独立学科的正式诞生。

而20世纪70年代以后，一大批艺术家们开始思考人工智能是否真正地改变了艺术的创作方式与思考方式。在接下来的发展中，70年代以后，随着人工智能技术的逐步成熟和计算机性能的显著提升，艺术家们开始积极探索人工智能与艺术创作之间的交集。这一时期，艺术家们不仅关注技术本身，更深入思考人工智能如何能够作为一种新的媒介或工具，以此拓展艺术的边界和表现形式。

一个显著的标志是，艺术家们开始尝试将人工智能算法融入艺术创作过程中。他们利用计算机程序生成艺术作品，这些作品往往具有独特的风格和难以预测的变化性，挑战了传统艺术的创作理念和审美标准。这些尝试不仅推动了人工智能艺术的兴起，也促使艺术界开始重新审视和定义“艺术”这一概念。

同时，20世纪70年代后的艺术家们还开始探讨人工智能对艺术创作思维方式的影响。他们意识到，人工智能的思维方式与人类有着根本的不同，它基于数据和算法进行决策和创作，这为人类艺术家提供了新的灵感来源和创作思路。一些艺术家开始尝试模仿人工智能的思维方式进行创作，试图在作品中融入人工智能的逻辑性和计算性，从而创作出具有独特韵味和深度的艺术作品。

此外，随着人工智能技术的不断发展，艺术家们也开始关注人工智能在艺术创作中的伦理和道德问题。他们思考着如何确保人工智能在艺术创作中的使用不会侵犯人类的尊严和权益，同时如何保持艺术作品的原创性和独特性。这些问题不仅推动了人工智能艺术领域的深入探讨，也为整个艺术界带来了新的思考和挑战。

随着艺术家们对人工智能与艺术创作的深入探索和思考，人工智能艺术逐渐从一种新兴的艺术形式发展成为具有独特魅力和广泛影响力的艺术流派。人工智能艺术的发展也促使我们重新审视和定义艺术、技术和人类之间的关系，为我们探索未来艺术的无限可能提供了宝贵的启示。

二、人工智能艺术的发展

（一）人工智能艺术发展的时间顺序

20世纪60年代至70年代，人工智能艺术进入了发展期，不断创新的人工智能技术与艺术持续融合，产生了众多实践成果。在这一时期，人工智能研究主要集中在使用逻辑和符号来表示和处理知识的方法上，即符号主义人工智能。

20世纪60年代中期，专家系统开始崭露头角，它可以模拟人类专家的决策过程，提供有关特定领域问题的解决方案。1965年，世界上第一个专家系统DENDRAL问世，它是一个化学结构分析程序，用于推断未知有机化合物的分子结构。此后，专家系统迅速发展，并逐渐成为人工智能领域的一个重要研究方向。20世纪70年代，专家系统得到了广泛的应用和发展。这一时期出现了许多著名的专家系统，如MYCIN（医疗诊断系统）、XCON（计算机硬件配置系统）等。20世纪80年代，人工智能研究开始从符号主义转向连接主义。连接主义是一种基于模拟神经网络的方法，通过模拟大脑中神经元之间的连接来实现智能。

1986年，大卫·鲁梅尔哈特（David E. Rumelhart）、杰弗里·辛顿（Geoffrey E. Hinton）和罗纳德·威廉姆斯（Ronald J. Williams）发表了一篇名为《通过反向传播误差学习表征》（*Learning representations by back-propagating errors*）的论文。这篇论文提出了一种名为“反向传播”的算法，为训练多层神经网络提供了一种有效的方法。在此之前，尽管神经网络的概念已经存在，但人们一直未能找到有效的方法来训练多层神经网络。传统的神经网络在训练时，面对多层结构往往无法有效地调整每一层的参数，导致网络无法很好地学习复杂的模式。而反向传播算法的核心思想是通过计算每一层的误差，并将这些误差逐层向后传播，进而调整每一层的权重和偏置，使得整个网络的输出误差最小化。这一算法的提出奠定了深度学习理论基础，使得更深层次的神经网络训练成为可能，并开启了神经网络在实际应用中的广泛探索。在这一时期，虽然人工智能艺术尚未形成明显的创作流派，但神经网络的复兴为人工智能艺术创作提供了新的可能性。

20世纪90年代，人工智能艺术开始与计算机艺术相剥离，呈现出独立发展的路径[①]。这一时期是人工智能艺术发展融合技术创新与艺术探索的时期。一方面，随着计算机技术的不断进步，计算能力得到了显著提升，为人工智能的研究提供了更为强大的支持。另一方面，数据量的快速增长为人工智能的训练和优化提供了丰富的素材，推动了人工智能艺术的进一步发展。

1995年，俄罗斯科学家弗拉基米尔·瓦普尼克（Vladimir Vapnik）和他的同事提出了支持向量机（Support Vector Machine，简称SVM），这是一种在分类问题上表现优异的机器学习算法。SVM的核心思想是寻找一个超平面，能够将不同类别的数据最大限度地分开，有效提高了计算机手写

① 陶锋. 人工智能视觉艺术研究［J］. 文艺争鸣，2019（7）：73-81.

数字识别、文本分类等方面的工作效率。

90年代还见证了集成学习方法的崛起，如里奥·布莱曼（Leo Breiman）在1994年提出的Bagging（Bootstrap Aggregating）算法，这是一种通过结合多个弱学习器来提升模型性能的方法，有效地减少了模型的方差，提升了泛化性能。

万维网的发明者蒂姆·伯纳斯-李提出了语义网的概念，旨在创建一个能够让计算机理解网页内容的网络。这一构想引发了知识图谱、本体学等领域的研究热潮，为人工智能艺术的理解与生成提供了新的思路。

90年代后期，随着计算机图形技术和机器学习技术的发展，艺术家们开始尝试使用计算机程序来生成艺术作品，如绘画、音乐等。

1997年，IBM研发的国际象棋计算机“深蓝”成功击败了当时的国际象棋世界冠军加里·卡斯帕罗夫。这是人工智能历史上的一个重要时刻，显示了计算机在处理复杂任务上的巨大潜力，也激发了人们对人工智能艺术创作的更多想象。

虽然90年代的人工智能艺术创作还处于初级阶段，但它已经开始为艺术家们提供新的创作思路和工具。例如，通过计算机程序生成的图像和音乐等艺术作品，为传统艺术创作带来了新的灵感和可能性。

随着人工智能艺术作品的不断涌现和人们对其认知的加深，社会对人工智能艺术的接受度和认可度也在不断提高。这为人工智能艺术的进一步发展奠定了良好的社会基础。

90年代的人工智能艺术发展史是一个技术创新与艺术探索并进的时期。在这一时期，机器学习技术的成熟、人工智能艺术研究的兴起以及人机博弈的历史性成就等共同推动了人工智能艺术的快速发展。虽然当时的人工智能艺术创作还处于初级阶段，但它已经为后来的发展奠定了坚实的基础，并为艺术家们提供了新的创作思路和工具。

21世纪以来，人工智能技术在神经网络与深度学习上取得新进展，从最初的探索性实验到如今的广泛应用，GANs、DeepDream、NST（神经风格迁移）、AICAN（可能指人工智能在艺术创作中的应用，但此处更广泛地理解为人工智能驱动的艺术创作技术）、DALL·E等技术在这个过程中发挥了关键作用。

2014年，GANs的提出开启了图像生成和合成数据领域的革命。GANs是一种基于对抗训练的神经网络结构，由生成器和判别器两个主要组件组成。生成器负责生成新的数据（如图像），而判别器则负责判断输入的数据是否来自真实数据集。通过不断的对抗训练，GANs可以生成高度逼真的图像和视频。这一技术的出现为人工智能艺术创作提供了强大的生成能力。

在艺术领域中，GANs被用于生成仿生艺术作品，包括绘画和雕塑等。例如，2018年一个名为Obvious的艺术家及其团队使用GANs模型共同创作了一幅名为《埃德蒙·贝拉米肖像》（*Edmond de Belamy*）的画作，并在佳士得拍卖行以高价售出。这幅画作的训练数据来源于14世纪至20世纪公开可用的15000幅肖像画。

2015年6月，谷歌公司发布了由Alexander Mordvintsev（亚历山大·莫德温瑟夫）等人引入的一种图像识别与处理工具——DeepDream。这是最早获得广泛关注的人工智能艺术创作工具之一[①]。DeepDream是莫德温瑟夫利用开源工具基于人工神经网络算法，特别是卷积神经网络研发的网络，可用于视觉识别和图像创造。其工作原理是通过对输入图像运行梯度上升（gradient ascent），以最大化特定层（有时甚至是特定层中的特定单元）的激活。DeepDream能够将人类输入的图像转化为机器识别的图像，并呈现

① MORDVINTSEV A，OLAH C，TYKA M. Inceptionism：Going deeper into neural networks［EB/OL］.（2015-06-18）［2025-01-07］. http://googleresearch.blogspot. com/2015/06/inceptionism-going-deeper-into-neural.

出独特的甚至有时是诡异的视觉效果。因此，这种方法后来成为一种流行的数字艺术生产的新形式[①]。它开始被一些艺术家用作创作工具，以产生独特的艺术作品。

莫德温瑟夫最初在Google Plus内部版本中发布了一些由DeepDream处理的图像，包括扭曲的狗脸等，引起了谷歌社区的广泛关注。DeepDream的正式推出也在社交媒体上迅速传播，引发了公众对人工智能和图像识别技术的兴趣和讨论。

总的来说，DeepDream是莫德温瑟夫等人在人工智能和图像识别领域的一项创新成果，它展示了人工神经网络在图像处理和艺术创作方面的巨大潜力。在这一时期，人工智能艺术开始崭露头角。例如，一些艺术家开始利用深度学习技术生成艺术作品，这些作品在风格、色彩和构图等方面都展现出了独特的魅力。

2016年，最具标志性的人工智能发明之一——神经风格转移（NST）——引发了人工智能技术在艺术中的快速使用和发展。NST算法，即神经元样式转换（Neural Style Transfer）算法的发明，是计算机视觉和深度学习领域的一项重要成果。

在计算机视觉领域，人们一直致力于研究如何让计算机理解和处理图像。传统的图像处理方法往往依赖于手工设计的特征提取算法，但这些方法在处理复杂图像和风格迁移任务时显得力不从心。随着深度学习的发展，特别是卷积神经网络的广泛应用，人们开始探索利用深度学习技术来实现图像的自动特征提取和风格迁移。NST算法的发明正是为了解决这一问题，它能够将一张图像的内容和另一张图像的风格结合起来，生成一张

① CETINIC E，SHE J. Understanding and creating art with AI：Review and outlook［J］. ACM Transactions on Multimedia Computing，Communications，and Applications，2022（2）：1-22.

既保留内容又融入风格的新图像。

NST算法的发明过程涉及多个关键步骤和原理。第一，输入图像的选择。NST算法需要两张输入图像，分别是内容图像和风格图像。内容图像是希望保留其内容的图像，而风格图像则是希望其风格被迁移的图像。第二，预训练CNN模型的使用。NST算法通常使用一个预训练的卷积神经网络模型来提取图像的特征。这些模型已经在大型图像数据集上进行了训练，能够捕捉到图像的高层次特征。第三，特征提取。通过将内容图像和风格图像输入到预训练的CNN模型中，可以获得它们在不同层次上的特征表示。通常选择模型的中间层来提取特征，因为这些层能够捕捉到图像的语义信息和风格特征。第四，内容损失和风格损失的计算。在这一步，NST先通过比较内容图像的特征表示和生成图像的特征表示，计算出内容损失。内容损失衡量了生成图像与内容图像之间的语义差异，通常使用均方误差（MSE）来计算。之后，NST将通过比较风格图像的特征表示和生成图像的特征表示，计算出风格损失。风格损失衡量了生成图像与风格图像之间的风格差异，通常使用格拉姆矩阵（Gram Matrix）来计算。格拉姆矩阵是一种用于表示特征之间相关性的矩阵，通过计算特征之间的点积来得到。第五，总损失函数的构建。NST算法将内容损失和风格损失加权相加，形成一个总损失函数。通过最小化总损失函数，可以使生成图像在内容和风格方面与输入图像更加接近。第六，优化算法的应用。为了最小化总损失函数，NST算法使用梯度下降法等优化算法来更新生成图像的像素值。通过迭代优化，生成图像的像素值会逐渐接近期望的内容和风格。

NST算法展示了深度学习技术在图像处理和风格迁移方面的巨大潜力。它证明了通过训练好的卷积神经网络模型，可以自动地提取图像的特征并进行风格迁移，而无须依赖手工设计的特征提取算法。它利用深度学习技术实现了图像的自动特征提取和风格迁移，能够将一种图像的风格迁移到另一幅图像上，并产生令人惊叹的视觉效果，为艺术创作、图像编辑和虚拟现实等领域提供了新的工具和方法。这种技术被认为是人工智能艺术的开端之一，因为它允许艺术家在保持图像内容的同时，改变其风格。例如人们可以通过将梵·高的画作风格应用到现代图像上，NST可以生成以梵·高风格为基础的智能艺术作品。

目前，NST算法已经被广泛应用于艺术创作、图像编辑和虚拟现实等领域。艺术家和设计师可以利用NST算法来创作出独特的艺术作品，用户可以利用NST算法来将自己的照片风格化为名画或艺术作品，从而增加趣味性和艺术性。此外，NST算法还可以用于图像修复、图像增强等任务，为图像处理和计算机视觉领域的发展提供了新的思路和方法。

2017年，为了使GANs技术在以创造性的方式生成内容的能力上更进一步，艾哈迈德·艾尔伽马尔（Ahmed Elgammal）等人引入了AICAN——人工智能创意对抗网络[①]。在他们的文章中，他们认为，如果GANs模型是在绘画图像上训练的，它只会学习如何生成看起来像已经存在的艺术的图像，并且以类似于神经风格转移方法的方式，这不会产生任何真正的艺术或小说。在他们的论文中，他们提出了对优化标准的修改，以使网络能够最大限度地偏离既定风格，同时保持在艺术分布范围内产生创造性的艺术。通过一系列的展览和实验，AICAN系统的作者表明，人们通常无法区分AICAN生成的图像和人类艺术家制作的艺术品。除了AICAN计划，为了生成他们的数字艺术作品，许多其他开发人员和艺术家还使用了经过各种修改和特定培训设置的GANs，它已成为当前人工智能艺术领域中使用最广泛的技术。

---

① ELGAMMAL A，LIU B，ELHOSEINY M，MAZZONE M. CAN：creative adversarial networks，generating “Art” by learning about styles and deviating from style norms [EB/OL]. (2017-06-21) [2025-01-07]. https://arxiv.org/abs/1706.07068.

2019年，基于GANs和NST算法，美国研究人员开发了一种人工智能绘画技术AI Portraits（AI人像），该技术可以将一张照片转换为高质量的肖像画，同时保留照片中的关键特征。AI Portraits技术结合了GANs和NST算法的优点，使用大量的肖像画作为训练数据，通过GANs的生成器和判别器进行对抗训练，提高生成图像的质量。同时，利用NST算法将训练数据中的风格特征迁移到生成的肖像画中，使生成的肖像画具有独特的艺术风格。

与此同时，在人工智能研究社区中，人们对基于Transformer的架构及其在不同领域各种任务中的成功应用兴趣激增，特别强调文本和多模式应用。2021年1月，OpenAI提出了一个非常先进的神经网络DALL·E，它可以从文本标题中创建图像，以自然语言表达各种概念。2021年，相关技术实现了人工智能从文本生成到图像生成的突破。这种算法的独特之处在于它能够理解人类的语言描述，并生成与之相应的图像。用户只需输入文字提示，DALL·E就能生成与之相应的图像。这种技术为艺术家和设计师提供了更多的创作灵感和可能性。

人工智能艺术的发展是一个不断演进的过程，从DeepDream的初步探索到GANs的广泛应用，再到DALL·E的文本到图像生成技术，每一步都推动了人工智能在艺术创作中的进步。这些技术不仅为艺术家提供了更多的创作手段和灵感来源，也为我们带来了更加丰富多彩的艺术体验。

值得注意的是，虽然人工智能艺术在技术上取得了显著进展，但其创作过程仍然需要人类的参与和指导。例如，艺术家需要选择合适的算法、调整参数并优化模型以生成符合自己创作意图的艺术作品。

而对当前人工智能艺术运动的兴起作出重大贡献的最相关的技术创新可能是生成对抗网络[①]。在人工智能艺术发展的初期，人工智能技术主要

① GOODFELLOW I，POUGET-ABADIE J，MIRZA M，et al. Generative adversarial nets［J］. Advances in neural information processing systems，2014（27）：2672-2680.

用于辅助艺术家进行设计。例如，在色彩搭配、图案生成等方面，人工智能技术能够提供高效、一致的解决方案，大大提高了设计效率。而随着深度学习、机器学习和神经网络等技术的不断发展，人工智能开始具备独立创作艺术作品的能力。例如，在绘画领域，人工智能技术能够分析大量的艺术作品，挖掘出隐藏在其中的创意灵感，并生成具有独特韵味的艺术作品。拉脱维亚的数字艺术家安德烈斯·皮贾斯就是其中的佼佼者，他利用人工智能绘画创作出了一系列精美、怪异和荒诞的心脏图片。

安德烈斯·皮贾斯是人工智能艺术领域的早期探索者之一，自2022年起，他便开始利用人工智能进行绘画创作，专注于以人类心脏为灵感，通过变换心脏表面的图案，打造出既精美又充满怪异与荒诞气息的心脏图像。他利用人工智能绘画技术，在短短一年多的时间里，创作出上百幅令人惊叹的心脏创意图像（见图1-1）。

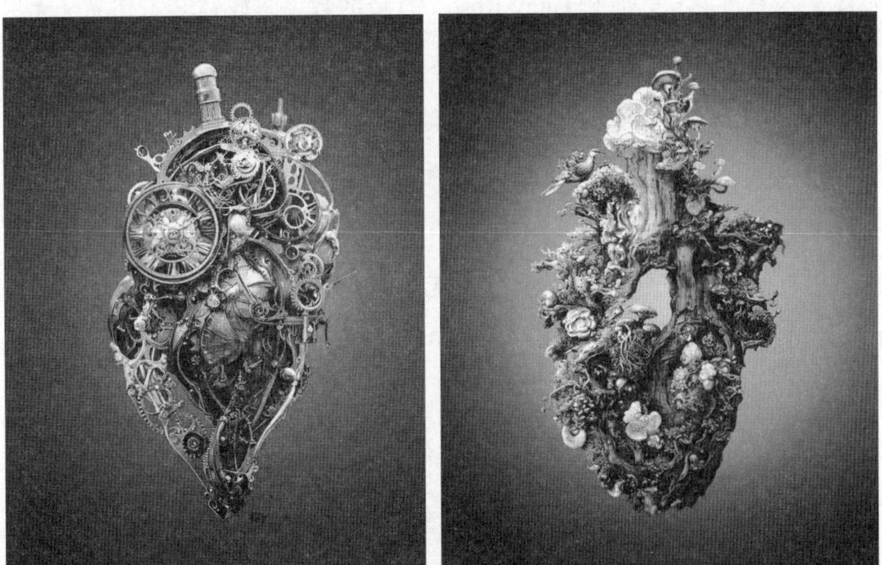

图1-1　安德烈斯·皮贾斯利用人工智能创作的一系列关于心脏的作品

他的作品风格独特，将人类心脏与各种元素相结合，如动物、植物、珠宝、自然景观等，每一幅画都充满了创意和想象力，且数量仍在不断攀升，包括黄金心脏、钻石心脏、南瓜心脏、独角兽心脏、蜘蛛心脏、毒蛇心脏、章鱼心脏、女妖心脏、蜗牛心脏、恐龙心脏、蜥蜴心脏等。这些作品不仅展现了人工智能绘画的无限可能，更在主题和风格上带来了全新的视角和冲击，创造出了令人叹为观止的艺术效果。他的作品引发了人们对生命、死亡、自然、和平等话题的深刻思考，同时也为数字艺术创作领域注入了新的灵感和活力。随着人工智能技术的不断发展，安德烈斯·皮贾斯的作品将继续在数字艺术领域发挥重要作用，并推动人工智能艺术的不断创新和发展。

如今，人工智能艺术已经不仅仅局限于绘画领域，而是与音乐、雕塑、舞蹈等多种艺术形式相融合，形成了全新的艺术表现形式。此外，人工智能技术还与虚拟现实、增强现实等技术相结合。例如，由世界顶级新媒体艺术家丹尼·罗斯（Danny Rose）打造的数字多媒体艺术作品《无尽幻变》（*Mutation*），也是人工智能艺术发展的杰出代表。

Danny Rose Studio是一个享誉全球的新媒体艺术家团体，以联觉沉浸式体验为中心，利用尖端视频投影技术以及声音空间化技术打造多感官体验。其作品屡获国际殊荣，在法国、意大利、新加坡等地备受瞩目，吸引了上百万名的光影艺术爱好者。《无尽幻变》是他们携手巴黎索邦大学Labex PLAS@PAR（一个专注于等离子体物理学的精英团队组成的工作室）共同设计完成（见图1-2）。

作品通过人工智能建模技术，能够自动生成和塑造各种形态的物质变化，如从固态到液态，再到气态，最终转变为神秘的等离子态，让观众沉浸在物质迷人的蜕变中。这种变化是对传统展览空间的重塑，邀请参观者共赴一场感官联觉的体验。此外，虽然《无尽幻变》主要聚焦于

图1-2　沉浸式人工智能艺术作品《无尽幻变》

视觉和听觉体验，但NLP和机器学习技术可能在作品的创作过程中起到了辅助作用。这些技术用于分析观众的反馈和行为数据，以优化作品的展示效果和用户体验。作品通过多维投影和动态声音空间化的使用，将空间本身转化为沉浸式装置艺术作品。在这里，变化是唯一永恒的主题，每一秒的声音和画面都在提醒观众变化的发生。该作品先后于巴黎蓬皮杜中心和上海光廷沉浸式数字艺术剧场的Inside数字艺术空间展出，并获得了广泛赞誉。

（二）人工智能艺术的发展本质

正如上面所述，人工智能艺术的出现得益于电子计算机技术的发展。从发展历程来看，人工智能艺术可追溯至本·拉波斯基在20世纪50年代用示波器（计算机的前身）创作出的系列作品“电子抽象”。他将“电子抽象”称为一种抽象的艺术形式，认为其促成了科学与艺术的联姻。1965年，多位艺术家利用电子计算机技术实现了非人作画，并成功举办了一些画展。例如，1965年2月4日，德国斯图加特大学 Studiengalerie画廊举办全球首个算法生成艺术展“Computer-Grafik”；1965年4月，纽约Howard Wise画廊举办“Computer-Generated Pictures”展览，展出贝尔实验室科学家贝拉·朱莱斯（Bela Julesz）与迈克尔·诺尔的计算机生成图像。20世纪70年代以后，计算机算法开始被应用于艺术生成活动，并逐渐走向智能化阶段。科恩（H. Cohen）设计的计算机程序可以结合随机因素进行简单的自主绘画，这已超越了一般意义上的计算机程序运行活动，进入人工智能艺术活动阶段。

21世纪伊始，随着深度学习卷积神经网络算法（简称“深度学习算法”）的出现与发展，人工智能在模仿人类的创造性和想象力等方面实现了突破性进展。2015年，德国蒂宾根大学维尔纳-赖夏特综合神经科学中心的科学家在arXiv预印本平台发表开创性研究。他们首次利用深度卷积神经网络，从艺术作品（如梵·高的《星夜》、蒙克《呐喊》）中分离风格特征，并将其迁移至其他图像内容上，生成具有特定艺术风格的合成图像。随后，人工智能不断攀向创新的高峰，促进了艺术与技术的融合发展，在音乐、绘画、书法、动画制作、影视编剧、诗歌等艺术领域挑战了传统的艺术表现形式，形成了全新的艺术创作形式。再加之各类新兴媒体艺术等的出现，人工智能艺术获得迅速发展。

典型的例子是微软公司的人工智能程序“小冰”。它运用深度学习算法学习了1920年以来519位诗人的现代诗，以技术介入的形式模拟人类创作，历经100个小时和10000次训练以后，创作了诗集《阳光失了玻璃窗》，突破了传统的艺术概念和艺术形式。2019年，“小冰”使用生成对抗网络，花费22个月，在深度学习了世界范围内236位风格各异的著名画家的画作后，于7月13日在中央美术学院的美术馆首次展出，呈现了一场由人工智能主导的多重时空同时在场的绘画盛宴——《或然世界》（*Alternative Worlds*），展示了智能技术与艺术的跨界联袂。自此，人工智能艺术以生成速度快、形式千变万化、设计更具抽象性等特点被学术界广为关注。学者们从人工智能艺术与人类艺术的关系出发，对“何为人工智能艺术”这一基本问题展开了激烈讨论。

当前学术界对这一问题的研究主要包括数据主义、人类中心主义、后人类中心主义三种观点。数据主义观点认为，人工智能艺术每完成一种艺术活动都是依赖一种人工智能程序或算法，具体呈现为何种样态也取决于对数据加工到何种程度。此种观点强调以数据取代人在价值秩序中的核心地位，忽视了对人的关注，难以凸显艺术中的人性因素。与数据主义观点相对，人类中心主义观点的核心立场是，人工智能是人类创造的，人类最初创造人工智能的目的在于服务自身，但随着人工智能在艺术领域自主性的提高，不可避免地会威胁人类的主体地位。此种观点虽然表现出对人类生存的强烈关切，但有时过于悲观，缺乏对当前人工智能艺术发展现实的关注。在前两种观点的基础上，后人类中心主义观点强调，仅将人类看作唯一的创作主体是一种“人—人工智能”二元对立的思维模式，只有打破这种思维模式的局限，才能理性审视人工智能艺术的本质。后人类中心主义的观点虽有一定的综合性，但并未直面人的主体问题，而是选择赋予人工智能以主体地位，这种回避式的解决方式也不能恰当地处理人工智能艺术与人类艺术的关系，未能对“何为人工智能艺术”作出确切回答。

有学者提出从人与人工智能的“共生关系”角度理解人工智能艺术，既不能将人工智能视为无自主性的“工具”，也不能将其视为与人类艺术家一样的主体，人工智能艺术不过是在人机互动共生过程中生成的。也有学者提出，人工智能仅是一个代理主体，它可以在独立或半独立的状态下模拟人类进行艺术创作。可见，人工智能艺术成果并非人工智能独立创作的，人类的主体意识仍在其中占据主导地位，人工智能只是丰富人类艺术创作的一种新形式。有鉴于此，本文从三个维度具体阐释人工智能艺术的本质。

第一，从人工智能艺术的主体性来看，人工智能艺术是以人类主体意识为主导，以人工智能为创作主体产出的艺术形式。这种艺术形式仅能服务于人类的需要，却不能与人类具有同等地位。尽管人工智能在某些方面已表现出超越人类的特质，但在更为本质的层面依然存在局限性，完全超越人类或代替人类还是未知的假想。当前，人工智能要开始一种艺术活动必须满足两个条件。一是人类主体意识的介入。人工智能产出艺术成果的能动性主要依靠人类为其设置的程序，而非源于自身的内在本质性。如果没有人类主体意识在艺术产出过程中的介入，人工智能将无法展开任何形式的艺术活动。二是人工智能的艺术产出需要依托深度学习算法的支持。毋庸置疑的是，人工智能艺术在一定程度上表现出了自主性特质，但这种表面上的自主性并非源于有意识的创作行为，而是依靠机器学习等手段在对大量人类艺术数据进行深度学习后实现的。

第二，从人工智能艺术的生成机制来看，人工智能艺术的技术基础是深度学习算法。深度学习算法是一种不同于浅层学习算法的机器学习类型。虽然人工智能比人类智能在艺术创作方面的效率更高、形式更多样，但就目前的发展现状而言，人工智能仍缺乏独立创作的能力，它每产出一种艺术形式都必须经历一个必要环节，即深度学习。如果缺少了这个必要环节，人工智能艺术创作将无从谈起。以梵·高的绘画为例，依托于深度学习算法进行的人工智能艺术产出活动，其实质是利用多层卷积神经网络对梵·高作品进行深度学习，从而提炼出梵·高画作的既有风格。这个过程的实现是人工智能深度学习梵·高原作的结果。

第三，从人工智能艺术的审美欣赏性来看，人工智能艺术可以给人提供愉悦，但很难抵达人类情感的深处。此种愉悦只是一种"快餐式"的娱乐形式，既不能沟通以共同情感为基础的审美共通感，也缺乏共同生活情境中的审美事实。诚如亚瑟·丹托（Arthur C. Danto）所言，真正的艺术不同于娱乐，它在提供愉悦的同时，更意在凸显一种艺术理论氛围、一种艺术历史知识和一个艺术世界。基于情感的艺术沟通、欣赏、理解等不仅是人类全部生活实践的艺术表达，更是人类生命体验的隐秘书写。由此构筑的意象世界是任何理性计算和技术模仿都无法涉足的深层审美基因，绝非诉诸技术理性的人工智能艺术及其符号化的产出形式所能比拟和替代的。因此，就审美欣赏性而言，人工智能艺术显然被区隔在了生命体验之外。①

（三）从视觉人工智能到生成式人工智能

视觉人工智能是互联网的第四大数据——自1993年以后迅速发展的全球网络化超链接文化内容积累。尽管自20世纪70年代以来，人们一直在互联网上分享文本和图像，但这一过程在1993年1月23日首款图形化网页浏览器Mosaic推出后加速。Mosaic的推出极大推动了此后30年的互联网信息增长。

如果我们想在这条时间线上将2020年初视觉人工智能的发展定位其中，以下是四个主要的影响：

第一个影响是信息组织方式从20世纪90年代末的分类、层级和结构化组织转向搜索引擎。当时的内容量如此之大，再以传统方式进行组织已不再切实可行，搜索成为新的默认方式。网络搜索是基于预测哪些内容对用户最为相关，而不是提供精确且确定的答案。生成式人工智能也具有预测性——它会预测可能的文本、图像、动画或音乐，以回应你的问题或提示。人类文明中典型的真与假之间的绝对确定性制度已被预测所取代，因为统计成为20世纪人文科学的基础，而数据科学和人工智能在近几十年也成为基础。

第二个影响是21世纪数据可视化的流行。这一发展过程中已经发展出

① 于广莹. 人工智能艺术的局限性与当代价值［J］. 美学研究，2024（1）：106.

了新的领域“艺术性数据可视化”，以及其他新的文化领域“数据艺术和数据设计”。如果说搜索试图在庞大的数据宇宙中找出最相关的内容，那么可视化则试图在一张图像中展示这个宇宙的部分内容，揭示其模式和联系。

第三个影响是“数据科学”作为大数据时代新主导学科在过去20年的兴起。虽然数据科学中使用的许多方法已经存在了几十年，但21世纪以来非结构化数据的迅速增加推动了数据科学这一独立领域的发展。现在的主要方法是数据可视化，但现在将其应用于大型媒体集合，包括照片、视频、电影、漫画、杂志封面、Instagram图像等。这种方法可以命名为媒体可视化。

第四个影响是在线视觉数字内容的增长催生了2020年初流行的生成式人工智能。DALL·E于2021年推出，Midjourney和ChatGPT于2022年推出，Photoshop的生成式填充功能于2023年推出，而如今已有数百种其他工具存在。稍早一些，大约在2017年，一种名为GANs的特定媒体生成式人工智能方法就已经在数字艺术家中流行开来。

值得一提的是，视觉人工智能（Visual AI）和生成式人工智能通常都建立在过去20年的研究基础之上，首篇相关论文发表于2001年。当时的研究论文已经出现了这样的关键思路：将网络内容世界作为机器学习（ML）的数据来源，而无须对其进行标注。

让我们来看看这四种影响建立了什么样的模式。搜索是处理网络上新内容规模的第一种方法。数据科学专注于在大数据中寻找模式、关系、集群和异常值，并预测未来的数据。数据可视化试图以视觉方式总结数据集。而现在，生成式人工智能以另一种方式探索“大内容”，即生成结合现有媒体中多种模式的新内容。

换言之，生成式人工智能合成的新内容具有与现有内容相似的统计特性。但它不是现有内容的复制品。人工智能通过在潜在空间中的现有点之间进行插值来生成新内容（文本、图像、动画、3D模型、音乐、歌唱等）。这个空间包含了由人工神经网络从数十亿对图像文本、数万亿文本页面和其他大型人类文化制品集合中提取出的众多模式和结构。人工智能预测这些点在模式空间中的存在可能性。例如，它可以预测艺术家A、B、C使用D和E技术，以F、G和H为内容，以M-N为色调、W为比例、K为构图等创作的一幅“画作”。[①]

请注意，前三种发展都是通过总结大数据来接近大数据的。网络搜索将数十亿个网页缩减为顶级搜索结果。数据可视化将其简化为图表。数据科学通过使用汇总统计、聚类分析、回归或潜在空间投影来缩减数据。但视觉人工智能正在做一些新的尝试。它在学习期间首先缩减大数据，然后生成新的数据点。我们从概率搜索转向了概率媒体生成。但显然，生成式人工智能并不是网络数据存在的最后一个结果，未来可能会出现其他效应。

三、人工智能艺术的未来

（一）推陈出新的创作

当前一代的生成式人工智能系统，如ChatGPT、Midjourney和Stable Diffusion，都是在由万亿条独立文本或数十亿张图像及其文字描述组成的庞大且多样化的数据集上进行训练的。然而，许多使用生成式AI的创作者选择在自己的数据上对现有的AI模型进行微调，或者仅在这样的数据上训练模型。将训练数据集限制在人类文化历史中的一个更狭窄的范围内，或

---

① Artificial aesthetics：generative AI，art，and visual media［EB/OL］.（2024-10-03）［2024-11-15］. https://manovich.net/index.php/projects/artificial-aesthetics.

者限制在来自特定历史时期的特定艺术家群体上，也是很有意思的。

来自土耳其裔的美国新媒体艺术家雷菲克·阿纳多尔（Refik Anadol）创作的《无人监督》（*Unsupervised*，2022）是一个人工智能艺术项目，它很好地说明了这些可能性（见图1-3）。该项目使用了纽约现代艺术博物馆（MoMA）的藏品元数据进行处理，让模型学习馆藏作品的视觉特征，该模型的数据集包含数万件艺术作品的图像。MoMA藏品是人类视觉史上最富有创造性和实验性的时期——1870年至1970年这一百年现代艺术时期——的最佳代表之一，也包含了随后几十年中许多重要的艺术探索实例。

图1-3　人工智能艺术作品《无人监督》

从表面上看，现代主义的逻辑似乎与训练生成式人工智能系统的过程截然相反。现代艺术家们渴望摆脱古典艺术及其定义性特征，如视觉对称、层次分明的构图和叙事内容。换句话说，他们的艺术建立在从根本上拒绝之前所有事物的基础上（至少在他们宣言所表达的理论上是如此）。神经网络则以相反的方式进行训练，即通过学习迄今为止创造的历史文化和艺术。神经网络就像一位非常保守的艺术家，在收藏历史艺术的“无墙”的“元”博物馆中学习。

但我们都知道，艺术理论与艺术实践并非一回事。现代艺术家并没有完全拒绝过去和之前的一切。相反，现代艺术是通过重新诠释和复制来自更古老艺术传统［如日本版画（梵·高）、非洲雕塑（毕加索）和俄罗斯圣像画（马列维奇）］的图像和形式而发展起来的。因此，艺术家们只是拒绝了当时占主导地位的"高雅艺术"范式（现实主义和沙龙艺术），而不是人类艺术史的其余部分。换句话说，现代主义是深深植根于历史主义的：它不是从零开始创造一切，而是通过将某些古老的美学适应到当代艺术语境中进行创新。在20世纪10年代创作的几何抽象艺术中，这些艺术家使用了当时已在实验心理学中广泛使用的图像，以此来研究人类的视觉感觉和知觉。

当谈到艺术领域的人工智能时，我们不应被这些系统的训练方式所蒙蔽。是的，人工神经网络是在已存在的人类艺术和文化作品上进行训练的。然而，它们新生成的作品并不是已有作品的机械复制品或模拟品。这些作品往往是真正全新的文化作品，具有前所未见的内容、美学或风格。换句话说，现代主义项目和人工智能艺术现象往往比它们表面上看起来更为相似。

当然，仅仅新颖并不意味着某物在文化或社会上就有趣或很重要。事实上，许多关于"创造力"的定义都同意这一点：创造力是创造出既具有原创性又值得或有用的东西。

然而，目前要估算生成式人工智能产生的所有新颖作品，对更广泛文化的有用性意义占比是不可行的。主要基于两个方面，一方面，目前尚未有系统性举措，通过提供数百万个专门设计的提示，来"填补"内容和美学可能性的巨大矩阵空白。另一方面，就像在流行文化的其他领域一样，很可能只有一小部分的可能性被数百万用户反复实现，大量其他可能性并未实现。因此，如果潜在人工智能创作的广阔宇宙中只有一小部分在实践中被实现，我们就不能对宇宙中其余部分的原创性或实用性做出广泛的断言。

一些人工智能艺术家，如安娜·瑞德勒（Anna Ridler）、莎拉·梅约哈斯（Sarah Meyohas）和雷菲克·阿纳多尔，在他们的作品中使用了针对特定数据集训练的神经网络。还有许多艺术家、设计师、建筑师和技术人员使用其他公司或研究机构发布的、已经在大规模数据集（如Stable Diffusion）上训练过的网络，然后在自己的数据上进行微调。

例如，艺术家列夫·佩雷尔科夫使用20世纪60年代开始在苏联工作的著名“非传统”艺术家（如埃里克·布拉托夫、伊利亚·卡巴科夫等）的40幅画作，对Stable Diffusion模型2.1进行了微调。佩雷尔科夫使用这款定制的人工智能模型创作的图像系列《人工实验1–10》（2023）（见图1-4）是一件原创艺术品，它捕捉了这些艺术家的美学和语义世界，同时又没有紧密复制他们的任何现有作品。相反，模型捕捉到的艺术家们的“DNA”能够产生新的意义和视觉概念。[①]

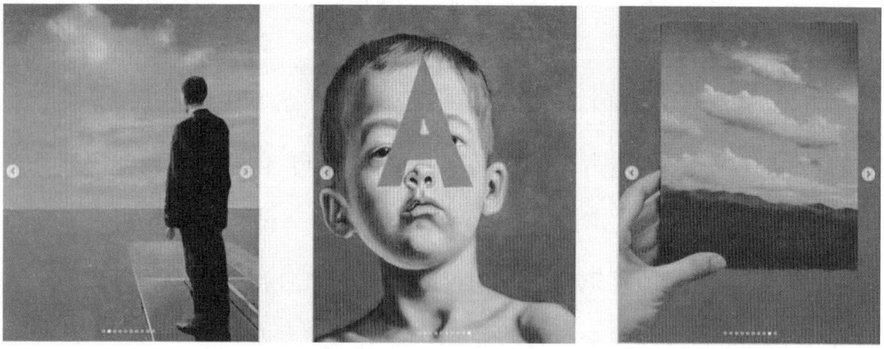

图1-4 基于人工智能模型创作的图像系列《人工实验1–10》

① MANOVICH L. ‘Make it new’: GenAI, modernism, and database art［EB/OL］.（2024-10-05）［2024-11-15］. https://manovich.net/content/04-projects/125-make-it-new-genai-modernism-and-database-art/make-it-new-ai-modernism-and-database-art.pdf.

在数百万使用生成式媒体工具的普通人和创意专业人士中，大多数人都是直接使用这些工具，而不进行进一步的定制。随着依据审美偏好对这些工具展开微调变得越来越普遍，这种情况在未来可能会发生转变。但无论这些具体情况如何，所有由生成式人工智能新创造的文化艺术品都具有共同的逻辑。

与传统绘画、雕塑和油画不同，生成式媒体艺术品并非从零开始创作。它们也不是捕捉某种感官现象的结果——这与摄影、电影、视频或录音不同。相反，它们是从其他媒体艺术品的大型档案中构建而成的。这种生成式人工智能机制将生成式媒体与某些早期的艺术流派和媒体制作过程联系起来。然而，如果早期媒体艺术家是手动选择和组装新作品，从而控制每一个细节，那么使用生成式人工智能工具的艺术家则是通过一个中介——经过训练的人工智能模型——来进行创作。

（二）创作什么样的艺术?

作为人类，我们与生成式人工智能之间的关键区别在于：人是有限的，但人工智能是无限的。诚然，它在实践中有显著的局限性，但它发展迅速，它今天所能做的事情已经超出了我们的想象。在这些年里，我们有了DeepSeeK、ChatGPT、DALL · E 3、Midjourney V5……与其纠结于人工智能此刻不能做什么，不如假设它“能”做到的会越来越多，这样想会更为稳妥。

由于人类在技能学习和记忆的工作方式上存在特殊性，人类具有一定的局限性。人类难以把数百种其他艺术家的绘画风格轻松地结合在一起，也没有网络上和博物馆数据库中浩瀚无垠的知识，但人工智能可以，而且它只会让作品变得更好。

人类不能坐下来就开始撰写关于文化史上众多话题的摘要，但人工智能可以。人类不能瞬间创作出融合不同作曲家语言并将它们映射到新乐器上的数小时音乐，但人工智能可以。

“我不能……但人工智能可以。”（可以添加无数其他例子。）

那么，现在为什么要创作艺术？创作什么样的艺术仍然有意义？

现在人类艺术的有趣之处在于我们的局限和痴迷。我们绝大多数人无法像许多艺术大家一样思考和创作，也无法迅速改变走路的方式、说话的方式及自身习惯，这就是我们的局限，也是让我们成为人类而非人工智能的原因。后者将继续进化，但人类进化并非在同一规模上进行。

需要注意的是，这并不是通过模拟人类特质而让人工智能“更像人类”。诚然，我们可以做到这一点，但这并不有趣。这就像开着一架波音777飞机去杂货店买东西。它强迫超能力者表现得像人类，这是一种平庸且软弱的策略。

还有另一个关键点：使艺术“人性化”的因素不是我们的意图、计划、想法或意义。一个多世纪以来，现代艺术家们竭尽全力地从他们的艺术创作中去除所有这些元素。而人工智能只需给出一个方向，就可以完美地模拟想法、计划和意义。所以这些因素与艺术的“人性化”并无关联。

唯一相关的是我们的局限。我们无法与超能力者竞争，也难以抗衡网络、搜索引擎、推荐引擎、庞大数据库、机器学习算法、生成式人工智能，以及未来将要出现的其他超能力计算机技术。

因此，“人类艺术家使用人工智能工具创作艺术”是一个毫无意义的想法。你想与神合作吗？一个凡人想“与阿波罗、雅典娜、赫淮斯托斯、赫尔墨斯、宙斯合作”？

相反，我们应该珍视自身的局限，追求有限，而非无限。摒弃“借助人工扩展创造力”这一毫无意义的想法。在既有的约束和自行设定的约束条件下展开创作。专注于一点，并尽可能深入地挖掘。要像莫兰迪那样思考，而不是像毕加索。

因为人工智能在知识和技能上如此广阔且无穷无尽，你需要从微观层面着手。只有这样，你才能与超能力生成式人工智能竞争。

艺术家需要成为一只鼹鼠。你需要保持适度的警觉和关注，因为人工智能随时可能发现你的漏洞，并在瞬间摧毁你花费数年时间挖掘的所有“通道”。但也许这种压力、这种无尽的焦虑，最终会成为创作原创和真实作品的正确动力。[①]

（三）无限可能的未来

随着技术的不断进步，人工智能艺术的未来充满了无限可能。首先，随着计算能力的显著提升和可用数据量的急剧增长，大规模预训练模型已成为人工智能领域的研究热点。这些模型在极其庞大的数据集上进行训练，具备强大的跨领域迁移学习能力，能够生成高质量的文本、图像、音频和视频等内容。未来十年，这些技术将进一步成熟，为人工智能艺术提供更加丰富的创作工具和手段。例如，全模态大模型。2021年7月，中国科学院自动化所联合武汉人工智能研究院，正式发布了全球首个千亿参数多模态大模型“紫东太初”，该模型以多模态技术探索通用人工智能发展道路。2023年6月，在“人工智能框架生态峰会2023”上，相关团队介绍了基于昇腾AI硬件与昇思MindSpore AI框架打造的全模态大模型——紫东太初2.0，并首次提出全模态多任务统一生成式学习框架。紫东太初2.0能够处理文本、图片、音频、视频、3D点云、传感信号等多种模态的数据，实现不同模态的统一表征和学习，有利于知识获取，产生更多新的能力，进一步突破感知、认知和决策的交互屏障。目前，紫东太初大模型已在手

① Artificial aesthetics：generative AI，art，and visual media［EB/OL］.（2024-10-03）［2024-11-15］. https://manovich.net/index.php/projects/artificial-aesthetics.

语教学、法律咨询、交通出行、广电、医疗机器人、医学影像判读等数十个行业场景领域展现出广阔的落地潜力。同时，基于紫东太初的图像描述能力、跨模态检索能力等，武汉人工智能研究院推出了“江城洛神”AI内容创作平台，为开发者和个人用户提供了丰富的创作工具。在未来，全模态大模型将持续拓展应用场景，深入艺术领域。其算法将进一步优化，处理不同模态数据的能力和效率不断提升，使得人工智能生成的艺术作品更加逼真、生动和具有创意。

此外，具身智能技术的发展势头也非常强劲。这项技术旨在让机器不仅仅是执行预设指令的工具，而是能够感知、理解物理世界并与之互动的智能体。实体人工智能系统则是将具身智能理念应用于物理世界的一种尝试。未来，随着人形机器人等实体人工智能系统的不断发展，它们将能够在复杂的环境中自主做出决策和行动，为人工智能艺术创作提供全新的互动方式和创作平台。

在过去的几年里，许多大学已经建立了数字人文（DH）硕士和博士课程，以教育新一代的研究人员熟悉定量和基于人工智能的方法及其在人文数据中的应用。我们可以预期，这将加强人文学科从传统到数字研究实践的方法论转变，并带来越来越多的创新研究项目，应用大规模定量方法来研究与艺术相关的历史问题。从计算机视觉的角度来看，仍然有许多实际的挑战需要解决，以帮助研究人员从事文化数字档案的数字化建设和图像分析工作。如这些问题涉及注释标准，先进的物体探测和检索，交叉描绘，图像分类，多模式对齐和图像理解，等等。

“第九届世界华人美术教育大会”由世界华人美术教育协会和河南大学、河南师范大学、北京斯玛特教育集团等单位联合举办。会议主题为“创意·综合·生态——人工智能时代的美术教育变革”，会议时间为2024年11月16日至23日。会议深入探讨了人工智能在当今美术教育中的重要价值，并寻求应对时代挑战的有效对策。与会者普遍认为，人工智能技术的快速发展为艺术创作提供了新的可能性和手段。人工智能技术能够模拟和生成各种艺术风格和形式，为艺术家提供了更多的创作灵感和工具。人工智能艺术的出现和发展，不仅丰富了艺术的内涵和外延，还推动了艺术与其他领域的跨界融合。例如，人工智能技术可以与绘画、音乐、舞蹈等艺术形式相结合，创造出全新的艺术体验。同时，会议也指出，尽管人工智能艺术具有巨大的潜力，但也面临着诸多挑战。例如，如何平衡人工智能技术的自动化与艺术家的创造性，如何确保人工智能艺术的原创性和独特性，以及如何评估人工智能艺术的价值和影响力等。除此之外，与会者还针对人工智能艺术带来的美育变革提出了重要的观点。首先，会议认为，人工智能可以成为美术教育的有力助手。人工智能技术可以帮助学生更好地理解和掌握艺术知识和技能，提高他们的创作能力和表现力。例如，人工智能可以通过分析学生的作品和风格，为他们提供个性化的指导和建议。其次，美育教育需要创新教学模式。人工智能的引入也推动了美术教育模式的创新。教师可以利用人工智能技术开展线上教学、远程辅导和虚拟课堂等新型教学模式，为学生提供更加灵活和便捷的学习体验。最后，美育教育需要培养学生的跨学科能力。通过引导学生学习和掌握人工智能技术，培养他们的创新思维和解决问题的能力，为他们未来的职业发展打下坚实的基础。这些论述不仅为我们深入了解人工智能艺术提供了有益的参考，也为我们推动美术教育的创新和发展提供了新的思路和方向。

未来，我们可以期待看到更多由人工智能创作的艺术作品，它们将不仅仅是技术的展示，更是人类情感和创造力的延伸。同时，随着人工智能技术的不断发展和普及，我们也将看到更多的公司和组织将人工智能技术应用于艺术创作和设计中，为观众带来更加丰富的艺术体验。

与此同时，我们也要注意到人工智能艺术发展的危机。如联合国关于人工智能的决议强调了安全、可靠和值得信赖的人工智能系统的重要性，并指出需要制定相关标准以确保这些系统符合道德、具有包容性，并充分尊重、促进和保护人权和国际法。人工智能艺术的创作和发展将受到更加严格的伦理和合规性要求的影响，以确保技术的公正性和可持续性。

此外，随着人工智能艺术的广泛应用，数据安全和隐私保护将成为重要议题。未来，需要采取更加先进的技术手段和管理措施来保护用户的数据安全和隐私权益，同时加强相关法律法规的制定和执行力度。为了避免人工智能技术在缺乏明确指导的情况下的滥用或误用，建立一个综合性的人工智能监督框架是必要的。该框架将制定一系列明确的标准和规范，以确保人工智能系统在整个生命周期内都遵循既定的原则。随着人工智能艺术的不断发展，监管框架和监督机制将不断完善，以确保技术的健康发展和社会的和谐稳定。

延伸阅读

1. 弗洛里迪. 第四次革命［M］. 王文革，译. 杭州：浙江人民出版社，2016.

2. 王青亦. 数字艺术导论［M］. 北京：中国传媒大学出版社，2024.

思考题

1. 人工智能艺术发展过程中关键的技术突破有哪些？请举例说明。

2. 人工智能艺术在未来将会如何发展？说说你的看法。

第二章　定义人工智能艺术

2024年2月，OpenAI推出人工智能视频生成模型Sora。该模型能依据文本提示，生成时长可达1分钟的不同长宽比和分辨率的高清视频和场景，展现出高度细致的背景，复杂的多角度镜头，使得整个视频呈现出高级的质感。5月，OpenAI发布的GPT-4o多模态大模型，相比几个月以前的模型大幅度提升了速度和质量。它可以读取人的情绪，自然人机交互更优秀，同时可以接受文本、视频和图像的组合输入，并生成三者的组合输出。人工智能飞速迭代的同时伴随着使用门槛的快速降低，推动其在传媒产业和艺术创作领域里的应用日益广泛，这使得人工智能艺术迅速成为当代大众文化中的“显眼包”。我们认识到，人工智能艺术不仅是一种技术应用，它还具有深刻的文化内涵和艺术意味。它不仅会对艺术产业形成颠覆性影响，也给新时期的艺术理论研究提出新的挑战：什么是人工智能艺术？它具有什么样的艺术特征？它的未来将走向何方？

学习目标

1.把握人工智能艺术与传统艺术的联系和区分。

2. 认识人工智能艺术的几个核心特征。

3. 理解人工智能艺术的定义。

4. 掌握人工智能艺术创作的流程。

一、从传统艺术到人工智能艺术

1973年，哈罗德·科恩在威尼斯双年展上展示他与绘画程序“艾伦”（AARON）合作创作的一幅画，标志着人工智能艺术的正式诞生。[①]基于艾伦带来的灵感：计算机程序像人类艺术家一样创作艺术，西蒙·科尔顿（Simon Colton）教授于2006年开发了名为“绘画傻瓜”（The Painting Fool）的程序。相比较艾伦师从哈罗德·科恩的绘画风格，绘画傻瓜则可以通过对于照片的观察，随机产生意想不到的风格，创造出令人意外的作品。[②]

总体来讲，早期的人工智能绘画作品多以抽象风格为主，这与当时人工智能技术在理解和表达复杂视觉信息上的局限性有关。此外，由于人工智能系统通常基于艺术家对艺术的个人理解进行编程，通过规则驱动，这些作品的风格和主题往往反映了艺术家的个人审美和偏好。

而现在通过数据驱动，依赖深度学习模型自动生成图像的人工智能程序，则诞生较晚。2012年，吴恩达和杰夫·迪恩（Jeff Dean）使用了来自YouTube的1000万个猫脸图片，借助深度学习模型，生成了一个非常模糊的猫脸，为人工智能艺术的发展开启了全新方向。

那么，如何判断一件物品是否是人工智能艺术作品？在绪论部分我们

① 马立新. 人工智能艺术的前世今生［EB/OL］.（2023-04-06）［2024-05-22］. https://m.cyol.com/gb/articles/2023-04/06/content_mOb0dKiVLq.html.

② Painting Fool’s portfolio reveals artificial artist［EB/OL］.（2023-04-06）［2024-05-22］. https://www.newscientist.com/gallery/painting-fool/.

已经简单介绍了1950年艾伦·图灵提出的“图灵测试”，他在经典论文《计算机器与智能》（*Computing machinery and intelligence*）中表示，判断和人类交流的是计算机还是人类（交互时间最多5分钟），如果有超过30%的测试者不能确定被测试者是人还是机器，那么机器就通过了测试。这一观点当时只是作为论文的附属内容，并未得到图灵本人的重视。而到了2014年，聊天机器人“尤金·古斯特曼”（Eugene Goostman）首次“通过”了图灵测试，让人类相信“他”是一个13岁的乌克兰男孩。①

受此启发，玛格丽特·博登在2010年提出了艺术品的“图灵测试标准”：一个程序必须制作一个“与人类制作的作品无法区分和/或被认为具有与人类创作的作品同等美学价值”的艺术作品。②沿着这条道路，2014年伊恩·古德费洛（Ian Goodfellow）及其合作者提出了生成对抗网络，极大推进了人工智能艺术的发展。2017年，由罗格斯大学艺术与人工智能实验室发明的创造性对抗网络生成的现代的抽象绘画被53%的艺术专业学生“误认”为是人类作品，这意味着人工智能艺术通过了“图灵测试”。

2018年10月，佳士得拍卖会上以高达432500美元出售了人工智能创作的画作《埃德蒙·贝拉米肖像》（见图2-1），这幅看上去像是一位18世纪绅士的肖像画便是由生成对抗网络创作。毫无疑问，这幅画是以人工智能为核心创作的艺术作品，艺术家的个人主体在这个创作过程中消失了。这令众多艺术家感到吃惊和恐惧，担心人工智能艺术会对艺术造成冲击，湮没艺术家的个人主体性；另外，有人批评这幅作品只是从人类已经创作出的艺术作品提取元素，根据概率进行组合，并没有创造出新的艺术风格。比如本·卢克（Ben Luke）认为《埃德蒙·贝拉米肖像》具有深刻的保

① 博登. AI：人工智能的本质与未来［M］. 孙诗惠，译. 北京：中国人民大学出版社，2017：142-143.

② BODEN M. The Turing test and artistic creativity［J］. Kybernetes，2010（39）：409-413.

守性，其价格是市场和资本的炒作，作品本身并没有意义[①]。人工智能创作只是“类人性”意义上的“平庸之作”，当前的人工智能艺术生产活动无法超越“属人性”意义上的自由创作[②]。

图2-1　由人工智能创作的绘画作品《埃德蒙·贝拉米肖像》

与传统艺术相比，人工智能艺术有许多新的特性，并且在人类艺术史和艺术理论中具有许多重要的意义。比如与人们熟知的现代主义艺术相比，人工智能艺术显示出对集体主义的回归。乔治·巴塔耶（Georges Bataille）把早期人类于三万年前绘于法国拉斯科洞窟里的野牛壁画，礼赞为人类“艺术的诞生”（la naissance de l’art）[③]。石器时代所谓的艺术创作基本上都是早期人类的集体行为，而之后的人类艺术家或共同协作或独立创作，完成壁画、雕塑和建筑等不同类型的艺术作品。

---

① LUKE B. We must not let the art market hoodwink us in the AI debate［J］.The Art Newspaper，2018.

② 王琦. 人工智能艺术是艺术吗？——以艺术生产为视角［J］. 社会科学辑刊，2024（2）：230-236.

③ 李军：谁是真正的“艺术史之父”［EB/OL］.（2020-09-11）［2024-05-22］. https://www.cafa.com.cn/cn/figures/article/details/8329452.

在人工智能艺术的背景下，创作过程可能涉及众多科学家和工程师的算法和程序的编写，同时需要基于大量的数据和前人的艺术作品学习，最终才能由人工智能系统生成。这种创作方式同样不是个人独立完成的，而是涉及众多程序员和艺术家的合作，程序员们共同开发算法、设定参数和解释结果，而艺术家提出了要求并进行了作品选择，在这种情况下“程序员也可以被定义为艺术家”[①]。人工智能的创作方式从历史角度来看，不过是复归到了集体创作时期。这并不是否定艺术家的主体性，相反，在一定程度上，人工智能艺术的发展使得艺术家占领了更重要的位置。人工智能工具作为程序员集体智慧的结果参与艺术创作，高度依赖人类艺术家给出的指令，并且艺术作品最终的选择权和阐释权依然在于艺术家。艺术家的思想深度、表达能力和审美取向决定了艺术品最终的形式。

人工智能艺术与传统艺术创作不同在于，传统艺术完全以人类为主，而人工智能的加入改变了艺术创作的创作主体，成为创作者的一部分。现阶段的人工智能艺术的创作“流程”可以归结为四部分：一是艺术家自己编写AI程序或利用已有的AI程序；二是艺术家向AI下达指令；三是AI根据指令对数据库中的信息进行编辑；四是生成内容[②]。在这四个部分中，人工智能并没有思考，它是按照指令生成符合要求的内容，而人工智能程序的质量和问题的好坏决定了艺术作品的深度与表达，因此人工智能本身并不是艺术家。虽然博登认为，现有的人工智能甚至可以不依赖人类的输入，而是自主生成艺术作品“人工智能艺术在某种意义上也能够产生创意和想法”。但是这种创意和表达并不是人工智能表达自我的欲望，而是一种基于代码和数据库所表现出的探索型和组合型创造力。现阶段的人工智能本身并无法颠覆之

① BODEN M A，EDMONDS E A. From fingers to digits：an artificial aesthetic［M］. Cambridge：MIT Press，2010：67.

② 李天成. 人工智能艺术的哲学追问［J］. 社会科学战线，2024（1）：250-259.

前的艺术框架，创造出完全不同的艺术作品，因此并不具备变革型创造力。

另外，人工智能作为数字化革命的主要结果，数字影像本身具有易变性，人工智能艺术本身对于创作者和观者来说具有更大的自由度。首先，对于创作者来说，生成的数字作品可以不断被进行修改，尤其是基于通过计算机展现的作品“数字信息的本质特征是可以被计算机轻松、快速地操作”①，虽然有些作品（如绘画、雕塑）通过物质媒介展现出来，但是其存于计算机中的“母本”依然是可见的，且随时可以修改；而传统艺术不可见的构思必须借助传统的物质媒介显现，且最终一旦形成，则其形态便已经固定。其次，对于观者来说，传统艺术对于观者而言是通过引起内心深处的感受，创作者的私人感受能够通过集体无意识唤起观者的经验，同时，其中独属于创作者的思考表达也能够给予观者“震惊”体验，观者的解读一定程度上被创作者的框架所限制；而人工智能自动生成的艺术创作需要消费者自身去思考并赋予其内涵，观者会通过交互界面与作品接触，感受人工智能艺术，从而赋予观者更多的自由（见表2-1）。

表 2-1　人工智能艺术与传统艺术的比较

比较维度	传统艺术	人工智能艺术
创意来源	直接经验、间接经验	数据
学习对象	现实世界、人工世界	人工世界②
创作主体	人类	人类+AI
创作对象	物质性的传统艺术	非物质性的数字化载体
创作内容	艺术家的意图+ 艺术形式	基于数据和算法的生成
艺术媒介	物质化媒介	数字化媒介
艺术效果	令人震惊	动态交互

① 马诺维奇. 新媒体的语言［M］. 车琳，译. 贵阳：贵州人民出版社，2020：307.

② 马诺维奇，阿利列. 列夫 · 马诺维奇：人工智能（AI）艺术与美学［J］. 陈卓轩，译. 世界电影，2023（3）：4-24.

如表2-1所示，传统艺术一般通过对现实世界直接经验和人工世界间接经验的学习，由人类自身去创作绘画、雕塑、音乐等形式的艺术作品。其艺术媒介是传统的、固化的而且往往是物质的，表现出本雅明意义的灵韵、震惊和教化作用。而人工智能艺术一般由人类和人工智能共同驱动，它基于人工世界所创造的海量数据，通过算法以数字的方式在本质上非物质性的媒介中（自主）生成，具有动态呈现、交互体验和娱乐的特点。

应该说，人工智能能够通过数据和算法，由计算机自动生成或辅助创作，极大提高了艺术创作的效率，同时降低了艺术创作的门槛。人工智能就像一个得力的助手，完成主人下达的各种任务，使得“人人都是艺术家”。“Obvious”团队中的三名成员均没有任何艺术学背景，却能够通过人工智能创作出系列艺术作品，并在中国、俄罗斯、法国和德国等国家美术馆展出[①]。正如詹金斯提出的“融合文化”（Convergence Culture），数字技术与互联网文化环境下的媒介融合带来了一种参与式文化与集体智慧的生产及消费方式，每个人都能够借助零碎信息构建个人神话，并把它转化成我们赖以理解的日常生活的资源，从而进行集体意义建构（collective meaning-making）。[②]

人工智能技术的发展带动了集体创作的复归，但是同时，科学家、工程师和程序员等众多人士的加入带动了技术的发展，以及普通人也能通过参与式创作加入人工智能艺术创作过程，这又超越了原本的集体“劳作”，使得艺术创作过程更为简单和高效，同时也变成了集体经验的共享；而另外无法忽视的一方面是，技术带来了恩赐也带来了惩罚，盲目

① DANYSZ［EB/OL］.［2024-05-22］. https://danyszgallery.com/cn/artists/11404-obvious/biography.

② 詹金斯. 融合文化：新媒体与旧媒体的冲突地带［M］. 杜永明，译. 北京：商务印书馆，2012：30-32.

过度的人工智能依赖可能会使原本作为“助手”的人工智能成为比人类更为强大的存在。①

二、人工智能艺术的技术特征

随着多模态大模型和通用人工智能的快速发展，现阶段的人工智能艺术具有多模态融合、算法依赖和自主生成的特点。这使得人工智能艺术区别于其他艺术，逐渐建构起这种新的艺术形式的独特性。

（一）多模态融合

多模态融合的生产方式是人工智能艺术最为明显的特征，多模态融合技术（Multimodality Fusion Technology，MFT）能够支持人工智能分析处理不同形式的数据，缩小模态间的异质性差异，同时保持各模态特定语义的完整性。②它消除了不同媒介间的壁垒，使得艺术创作能自如地在文本、声音、图像和视频之间随意转换，并贯穿了人工智能艺术的创意、生产和消费的全部阶段。

2022年，在美国科罗拉多州举办的艺术博览会上，由游戏设计师杰森·艾伦使用Midjourney生成，经由Photoshop润色的画作《太空歌剧院》（Théâtre D'opéra Spatial，见图2-2）打败了人类选手获得数字艺术类别冠军，而杰森·艾伦并不是一位艺术家，而是游戏设计师。同年，爱尔兰计算机艺术家格伦·马歇尔（Glenn Marshall）借助CLIP（Contrastive Language-Image Pre-Training）模型生成的视频作品《乌鸦》（*The Crow*）赢得了戛纳国际电影节中短片竞赛单元的评审团奖。马歇尔将舞蹈短片*Painted*

① 刘海龙，连晓东. 新常人统治的来临：ChatGPT 与传播研究［J］. 新闻记者，2023（6）：11-20.

② 何俊，张彩庆，李小珍，等. 面向深度学习的多模态融合技术研究综述［J］. 计算机工程，2020（5）：1-11.

(《绘梦之舞》)输入到CLIP中，再通过图像处理中“风格迁移”(Style Transfer)生成视频。2023年，酷狗发布了酷狗12.0版本，上新了“AI智能配图”功能和“AI音乐魔法”，前者能够根据歌词自动生成图片，后者可以将一首歌变成八种不同演绎版本。而在此之前，人工智能早已能生成音乐，甚至能够根据部分语音片段模仿人类歌手。

图2-2 由Midjourney生成的画作《太空歌剧院》

人工智能艺术打破了自然语言处理、计算机视觉和语音识别等的界限，能够最大限度地利用文本、图像、音频、视频等多种数据形态，这种多模态特性打破了不同媒介的边界，带来“边界的破裂与对象的重组和重生”。[①]它不仅使人工智能艺术创作更加丰富和多样化，而且人类也可以通过人工智能艺术创作探索更多未知的艺术领域和表现手法。

① 石涎蔚. 技术时代的“内爆”：从麦克卢汉、鲍德里亚到哈拉维［J］. 现代传播（中国传媒大学学报），2023（5）：21-29，36.

（二）算法驱动

算法作为人工智能的“大脑”，包含了一系列定义数据处理和应用的指令和规则，通过分析和学习大量的艺术数据集，提取特定的艺术风格、技巧和元素，例如，卷积神经网络可以用来识别和提取图像中的特征，这对于理解和复制艺术风格至关重要；生成对抗网络和变分自编码器（VAE），可以生成新的艺术作品。“Obvious”团队创作的《埃德蒙·贝拉米肖像》陷入抄袭舆论正是因为其使用的算法代码大部分都来自程序员罗比·巴莱特（Robbie Barret）。人工智能艺术家汤姆·怀特（Tom White）下载了巴莱特的代码，并在零调整的情况下运行代码输出作品，最终怀特的实验作品与《埃德蒙·贝拉米肖像》非常相似（见图2-3）。[①]

图2-3　怀特使用巴莱特代码生成的图像

① VINCENT J. How three French students used borrowed code to put the first AI portrait in Christie's［EB/OL］.（2018-10-23）［2024-05-22］. https://www.theverge.com/2018/10/23/18013190/ai-art-portrait-auction-christies-belamy-obvious-robbie-barrat-GANs.

在实际应用中，不同的算法模型往往会被组合起来，形成算法架构，确保整个系统的高效运作和可维护性。在不同的算法架构下，同样的提示词生成的人工智能艺术作品内容符合提示词的要求，但是风格构图一定会有所不同，这是因为每个算法都有自己的特点和学习方式，它们的工作原理和优化目标并不一致，因此会对相同的输入做出不同的响应。例如，神经风格迁移算法可以将不同艺术家的风格应用到任意图像上，从而创造出具有独特风格的艺术作品；而生成对抗网络则可以通过对抗训练生成高度逼真的图像，展现出惊人的创造力和想象力。因此，在人工智能艺术中，艺术品的风格取决于算法。对基于不同算法架构的图像生成模型DALL·E 2、Midjourney和 Stable Diffusion进行比较就会看出，同样的提示词生成的图像也不一样。①

因此，人工智能艺术的创作高度依赖算法，算法和算法架构的不断发展和进步会直接推动了人工智能艺术风格的多样性和创新性。在人工智能艺术的创作中，一种新的算法和不同的算法架构往往就意味着新的艺术风格，正如Deepdream生成的作品中都有独具特色的眼睛。

（三）自主生成

以人工智能艺术创作为代表的人工智能生成内容（AI Generated Content，AIGC）其实早已存在，早期的AIGC是以AI作为辅助工具生成固定模板的内容。随着ChatGPT、Midjourney、Sora、Suno等多种人工智能模型的诞生，AI已经能够自动生成人类想要的文本、图像、视频和音乐，AIGC具有了新的含义，继PGC（专业生成内容）和UGC（用户生成

① PERERA A S. DALL·E 2 vs Midjourney vs Stable Diffusion：comparison between most popular AI art generation tools［EB/OL］.（2018-10-02）［2024-05-22］. https://anjanasamindraperera.medium.com/dall-e-2-vs-midjourney-vs-stable-diffusion-8eb9eb7d20be.

内容）之后，AI直接取代了PGC和UGC中默认的前缀P（people），成为内容生产者，专业生成内容和用户生成内容也可以变为AIPGC和AIUGC。AI技术的快速发展打破了创作原有的边界，对人类的创作主体性造成了冲击。

2023年9月，OpenAI发布了DALL·E 3，它可以根据ChatGPT生成的提示直接生成4个图像。后续提示者可以在4个图像中选择，并再次借助ChatGPT指导DALL·E 3对原图修改，直至得到符合要求的图片。DALL·E 3根据ChatGPT生成的图片和Midjourney相比也毫不逊色。2022年，由Midjourney生成的《太空歌剧院》打败了人类选手，而该作品的创作者（或提交者）在Midjourney中经过操作，得到100幅作品后，再进行约80小时的修图，最终选出符合要求的3幅作品。而通过DALL·E 3生成图片，后续的修图也不需要人类亲自动手，只需要ChatGPT对DALL·E 3下达想要的效果指令，程序便会自动根据文字要求修改出符合要求的作品。

在人工智能艺术的创作过程中，人类只需要发布最初的创作指令，并在作品完成后进行评判选择，人工智能作为艺术创作的“工匠”便会完成所有的任务。对于真正的具有思想深度的艺术家而言，他们可以将更多的精力放在那些最需要创造力、想象力和情感的部分，借助人工智能的眼睛“使不可见成为可见”。

三、人工智能艺术的定义

在人工智能艺术中，人和人工智能到底谁才是艺术创作过程中的主体？或者人工智能仅仅是一个工具？在现阶段，我们可以看到人工智能还只是人类创作的辅助工具，它无法脱离人类的指令进行创作，且自主生成的作品也是依据代码要求在数据库中融合创作的结果。但人工智能艺术的出现已经挑战了自文艺复兴以来，以艺术家为绝对中心的艺术创作观念，伴随着人工智能技术的不断发展以及对社会造成的冲击，关于人工智能艺术的相关讨论也越来越多。

乔恩·麦克马克（Jon McCormack）认为人工智能艺术“是指任何使用人工智能技术制作的艺术”[①]。但是这样的界定范围过于宽泛，导致我们无法明确区分计算机艺术与人工智能艺术，列夫·马诺维奇认为，自1950年以来，从计算机艺术中发展出来的所有方法都是与人工智能艺术等效的实例……定义作品是否为人工智能艺术的不是方法，而是我们对算法过程施加的控制量和控制类型。正如玛格丽特·博登所定义的人工智能就是让计算机完成人类心智能做的事情。[②]因此，在人工智能艺术创作的过程中，最重要的就是通过复杂的算法模型使计算机能够模仿人类的“心智”，具备和人类一样的行动和思考能力，人工智能“创作”了艺术作品，而非“制造”。计算机在计算机艺术创作过程中主要起辅助作用——“计算机更多的是参与者或合作伙伴”；[③]而人工智能艺术是计算机发展到高度自动化的产物，它能够结合机器的智能化和艺术创作的主动性，成为艺术创作的主体之一。[④]

列夫·马诺维奇认为人工智能艺术就是指人工智能生成的能被专业人士认可为合法的历史艺术品或是当代艺术的作品。也就是说，如果计算机

① MCCORMACK J，GIFFORD T，HUTCHINGS P. Autonomy，authenticity，authorship and intention in computer generated art［G］// Proceedings of the computational intelligence in music，sound，art and design. Cham：Springer International Publishing，2019：35-50.

② 博登. AI：人工智能的本质与未来［M］. 孙诗惠，译. 北京：中国人民大学出版社，2017：3.

③ BODEN M A. Creativity and art：three roads to surprise［M］. Oxford：University of Oxford Press，2010：137.

④ 陶锋. 人工智能视觉艺术研究［J］. 文艺争鸣，2019（7）：73-81.

经过训练后创造的艺术作品能够成功通过图灵测试，那么这样的作品就可以被理解为人工智能艺术。但是当前的人工智能通过技术路径不断向上发展，呈现出指数型技术爆炸的趋势，向着艺术的高峰不断攀登，不断模仿人类作品的风格，已经实现了效果上的接近。[①]事实上，现有的众多人工智能艺术作品早已通过人工智能测试。

现实中不断进化的人工智能，已经逐渐超出了人类把握和理解的范畴。现有的大型人工智能模型，即便对专业技术人员而言，也愈发呈现为一个难解的“黑箱”。本杰明·博加尔认为人类创造出的人工智能形成了相对于人类主体而言的“机器主体性”。现有的人工智能能够构建大规模的人工神经网络（ANN）来模拟人脑的神经元和突触，并通过不断“自我”的学习和调整，逐渐提高其在特定任务上的性能。因此，机器也能够拥有“梦境”，正如“仿生人会梦见电子羊”。人工智能创作的艺术甚至在人类组织的比赛中打败人类而获得奖项。马诺维奇认为，人工智能艺术是一种人类受身体、大脑以及其他制约因素限制而无法创造的艺术类型。

毫无疑问，人工智能艺术在未来一定会突破人类对于艺术边界的限制，传统的艺术世界中是人类创造作品，而在人工智能时代，艺术世界中包含着人类下达指令后，人工智能基于数据集生成的作品甚至人工智能通过视觉、听觉和触觉感受现实世界后自主创作的作品。[②]因此，人类已经不能再用现在对于传统艺术所具备的特征来定义人工智能艺术。毫无疑问，人工智能创作的作品未来一定会越来越多地进入艺术世界。阿瑟·丹

① 段吉方，阎恺祺. AI 生成艺术与后人类技术的美学意义［J］. 厦门大学学报（哲学社会科学版），2023（6）：54-64.

② 张海涛. 张海涛｜人工智能学与AI 艺术观念简史：AI、哲学、艺术的历史逻辑［EB/OL］.（2018-11-01）［2024-05-22］. https://www.artda.cn/view.php?tid=10845&cid=15.

托借助“艺术世界”重新定义了艺术，认为艺术世界是一个由所有可能的艺术品构成的世界，其中包含了正属性（显性属性）和负属性（非显性属性）。正属性通常指的是与艺术相关的特征，而负属性则是那些通常与艺术品不相关的特征，是艺术史上出现的各种正属性的一种否定性的关系属性。例如杜尚的作品《泉》（1917），便是对以往所有艺术风格特征的一种否定，其艺术属性是由一系列否定性的负属性构成的。作品的负属性集合趋于无限大从而接近于零，但又被认可为艺术作品，因而打破了艺术与日常生活用品之间的界限。①

在人工智能创作过程中，人工智能并不具备人类所具有的审美“意向性”、经验意识以及人类非常态的思维性等“情性”特征。②尽管人工智能可以创作出一幅具有高度技术复杂性和视觉吸引力的画作（正属性），但是人工智能并无情感也无目的，因此人工智能艺术作品中的缺失个人情感和创作意图（负属性），这种毫无情感和意图的“数据融合”理性，正是人工智能创作的艺术与以人类为绝对主体创作的艺术的不同之处。

作为人类个体的创作，依赖于天才的积累和情感迸发的偶然，如王羲之醉后写《兰亭集序》，笔力、笔韵随酒力、酒韵而成，一气呵成创作下千古闻名的作品，在酒醒之后再也无法写出相同的书法作品。而人工智能艺术创作是绝对客观理性的，依赖于背后代码的执行和庞大的数据库，在同样的创作要求下，相同的艺术作品可以重复创作。“Obvious”团队依托生成式人工智能技术，使用《埃德蒙·贝拉米肖像》专项数据库及预设算法参数，可实现该艺术作品的系统化复现。其第一幅和第N幅分毫不差，而每一次生成都是人工智能的重新创作，并非复制。这正是基于人工智能

① 陈岸瑛. 艺术世界是社会关系还是逻辑关系的总和？——重审丹托与迪基的艺术体制论之争［J］. 南京社会科学，2019（10）：136-141，156.

② 张伟. 物性、智性与情性：人工智能与艺术生产的技术向度［J］. 中州学刊，2021（10）：145-152.

的无情感和无目的。人工智能不会因为重复创作一模一样的作品而感到枯燥，也不会“想”要展现任何实质性的东西，它只是执行指令去生成。

丹托的理论不仅通过艺术风格说明了艺术作品的属性，也指出了艺术品的定义和边界是由艺术界内部的规则和实践所决定的。这意味着艺术界的成员——包括艺术家、批评家、策展人、收藏家等——通过他们的行为和对话，共同参与到定义何为艺术的过程中。将丹托的理论延伸至人工智能艺术领域，人工智能艺术的定义同样受艺术界共识的影响，当人工智能创作出的作品被艺术界的成员认可，就会自动成为艺术品。例如2023年，鲍里斯·埃尔达森（Boris Eldagsen）借助DALL·E 2生成的黑白肖像摄影作品《电工》，获得了2023年度索尼世界摄影奖的单张图片创意类大奖[①]。毫无疑问，《电工》已经成为获得认可的人工智能艺术作品。

因此，我们认为，人工智能艺术是使用算法驱动，基于多模态融合技术，由人工智能自主生成的艺术作品。这种描述性定义主要有两个层次：首先是作为大众文化的人工智能艺术，它为文化市场所决定，着眼于大众的快感，未来将更多由观众个性化定制并由市场来评判和选择。其次是作为经典艺术的人工智能艺术，其“艺术”的身份是由艺术界授予，它必然产生在以人工智能为背景的艺术理论、艺术史和艺术机构等组成的艺术氛围之中。从严格意义上来说，艺术只有对于人才有意义，它在人类的历史、概念和象征维度里获得灵韵。

由此，人工智能艺术的发展会呈现三个不同的发展阶段：第一阶段是选择阶段，它由人类设计神经网络架构和算法，经过大量同一风格或者不同风格的数据训练之后，可以生成许多相同或者相似风格的艺术文本，再

① 黄松. 观察丨摄影师拒绝AI照片获奖背后，AI给艺术带来了什么［EB/OL］.（2018-04-18）［2024-05-22］. https://www.thepaper.cn/newsDetail_forward_22734450.

由成熟的艺术家来选择最成功的作品。第二阶段是协作阶段，通过建立多类型的生成对抗网络，由生成网络根据数据库创建新作品，判别网络尝试将新作品与原始数据库区分开，由人类和人工智能协作完成人类不能做到的事情。第三阶段是自主创新阶段，随着人工智能技术的不断发展，通用人工智能将实现自主行为、自主价值驱动，并可以完成无限任务。由此人工智能艺术将在人类过去的艺术系统之外创造另一种系统性，从而扩展人类对艺术的认知。

当然，即便是到了人工智能艺术发展的第三阶段，它仍然离不开人类。具体来说，人类的作用在于：人类创造了原初的算法架构；人工智能艺术的创作基于过去人类艺术的数据库；人工智能艺术的确认还在于人类艺术界的选择和评判。[①]

四、人工智能艺术的创作与应用

（一）数据收集

数据收集与预处理是人工智能艺术创作的基础环节，直接影响最终生成作品的质量和表现力。根据创作目标的不同，需要选择合适的数据类型和收集方式。例如，在图像生成任务中，如果希望生成某种特定艺术风格的作品，可以选择带有标签的图像数据集，如著名画派的画作、摄影集或数字艺术作品。这些标签为模型提供了明确的参考，使其能够准确学习目标风格的特征。

对于无监督学习的任务，则需要收集大量未经标注的图像数据，这些数据通过模型自身的学习机制挖掘潜在模式，从而生成富有创意的艺术作品。例如，为了让模型掌握多种自然景观的特征，可以汇集山川、湖泊、

① 王青亦. 何谓人工智能艺术［J］. 艺术传播研究，2024（6）：13-20.

森林等大量自然风光图片。尽管这些数据没有明确的分类标签，模型仍能通过对数据分布的学习，生成多样化的场景艺术作品。

在数据收集的过程中，还需注意数据的质量和多样性。高质量的图像数据，例如分辨率清晰、色彩均衡的素材，有助于模型准确提取细节；而数据的多样性则决定了模型生成作品的丰富程度。例如，如果希望生成城市景观画作，则不仅需要收集白天的城市照片，还应包括夜景、雨天等不同环境下的素材，以提升生成结果的表现力和创意。此外，还可以通过数据增强技术（如旋转、裁剪、变换颜色等）扩展数据集的规模，从而弥补原始数据量不足的局限。

（二）模型训练

选择合适的人工智能模型，需要根据实际需求，例如生成对抗网络、变分自动编码器、扩散模型（Diffusion）等，这些模型可以用于不同类型的图像生成任务。

1. 选择合适的人工智能模型

根据艺术创作的目标，选择合适的人工智能算法和模型架构。如果是进行图像生成，常用的模型有生成对抗网络和变分自编码器。以GANs为例，它由生成器和判别器组成，生成器负责生成图像，判别器负责判断生成的图像是否真实。

对于文本生成艺术作品（如诗歌、故事等），可以选择循环神经网络（RNN）或者Transformer架构的语言模型。比如，使用GPT（Generative Pretrained Transformer）系列模型，通过在大量文本数据上进行预训练，然后根据具体的艺术创作任务进行微调。

2. 模型训练

将准备好的数据输入到选定的模型中进行训练。在训练过程中，模型会学习数据中的模式和特征。以训练一个生成印象派绘画的GANs模型为例，生成器会尝试生成类似印象派风格的绘画，判别器则会根据真实的印象派绘画数据来判断生成的绘画是否足够真实。通过不断地调整生成器和判别器的参数，使得生成器生成越来越逼真的印象派绘画。

这个过程需要大量的计算资源和时间，并且需要调整一些超参数，如学习率、批大小等，以优化模型的训练效果。

3.作品生成

在模型训练过程中，需要调整模型的参数、监控训练过程中的损失函数和性能指标，并根据需要对模型进行调整。

生成图像时使用经过训练的模型来生成，通常需要提供一些输入指令，例如随机向量或者特定的条件（文生图时所提供的文字）等，以便模型能够生成符合特定要求的图像。

（1）设定创作参数

当模型训练好之后，创作者可以根据自己的创意设定一些参数来生成艺术作品。对于图像生成模型，可以设置颜色主题、构图元素等参数。例如，在生成海边日出的绘画时，可以设置主要颜色为暖色调（如橙色、红色），并且要求画面中有帆船等元素。

对于文本生成模型，可以设定主题、情感基调等参数。比如，要求模型生成一首关于爱情的、带有浪漫情感基调的诗歌。

（2）生成艺术作品

根据设定的参数，利用训练好的模型进行艺术作品的生成。模型会根据其学到的知识和模式，生成相应的图像、文本或者其他形式的艺术作品。生成的绘画作品可能在细节、色彩等方面会有独特的呈现，而生成的文本作品可能会有新颖的表达。

（三）决策与调整

创作者对生成的艺术作品进行评估，看是否符合自己的预期。如果不符合要求，可以调整参数重新生成，或者对生成的作品进行手动修改。例如，对于生成的绘画作品，可能觉得某个地方的颜色过渡得不够自然，就可以使用图像编辑软件进行一些微调。需要对生成的图像根据自身需求对画面的视觉效果、画面质量等进行综合判断，看是否需要重新输入条件进行重新生成，或者采取其他改进措施，以提高生成图像的质量和多样性（见图2-4）。

图2-4 《神弦曲：猫儿与时光铃铛》的场景概念图

需要注意的是，以上四个步骤是一个通用的框架，实际应用中会根据具体的任务和模型而有所不同，以及在模型的选择与训练、生成图像后调整等环节也会根据具体情况有所差异。

2023年，Corridor Digital工作室发布了动画*Anime Rock, Paper, Scissors*（《石头剪刀布：动漫版》），迅速成为各平台的关注焦点。第一集上线后，仅三天就突破150万播放量，获得11万点赞。这部动画短片的制作采用了机器学习模型Stable Diffusion，将真人实拍视频逐帧转化为风格化动画，再经过剪辑完成，呈现出独特的视觉效果（见图2-5）。

图2-5 *Anime Rock, Paper, Scissors*的幕后照片

其创作流程如下：

（1）演员在绿幕前表演，录制真人视频作为基础素材。

（2）为每个角色训练单独的风格化模型，训练内容参考经典动画《吸血鬼猎人D》的艺术风格。

（3）将拍摄的视频画面输入训练好的模型，逐帧生成风格化动画图像。

（4）在虚拟引擎中搭建场景，调整光照和渲染，从不同角度截取图片，并输入模型生成风格化场景。

（5）将角色图层与背景图层合并，调整效果以实现画面完整性。

（6）添加音乐和音效，进行最终剪辑后导出成片。

这部动画短片在创作流程上，通过人工智能生成图像内容，替代了传统动画中涉及的手绘环节。技术上，短片将多种人工智能技术整合运用，包括图像生成、风格迁移、图像合成以及通过文字描述生成新图像等。例如，将实拍视频逐帧转化为风格化画面是利用Stable Diffusion实现的。

在生成连续画面时，人工智能难以保证帧与帧之间画风和细节的统一性，可能导致画面闪烁或不流畅的问题。为了解决这一难题，创作者采用了锁定噪点的方法：将生成图像中的噪点覆盖在原视频上，避免噪点随机变化，从而实现较为稳定的画面效果。这一技术手段有效提升了动画短片的视觉连贯性，呈现出更加流畅的观感。

通过将人工智能技术深度融入创作流程，《石头剪刀布：动漫版》展现了动画制作的新可能，也为未来动画领域的技术发展提供了重要参考。

随着人工智能技术在绘画、作曲、视频生成等多个领域取得突破性进展，人工智能艺术正成为艺术产业和艺术理论研究的焦点。相比较传统艺术，人工智能艺术在数据的创作土壤、数字的艺术媒介和动态交互的艺术效果上都表现出非一般的艺术特征。尤其是它基于多模态融合技术可以集合多种数据形态，实现更丰富和多样化的艺术创作；它使用算法驱动，可以建立定制化的海量数据库，生成个性化的模型；甚至未来它可以自主生成自我价值的艺术作品，从而真正获得艺术的独立性。

现阶段的人工智能艺术创作依旧无法离开人类搭建的算法框架和生产制作的数据库，其本质并不是创作，而是选择和协作。随着未来人类艺术历史数据库的完整性搭建和读取，人工智能艺术会面临创新衰竭的可能。即便如此，当今人工智能技术的发展正在带来艺术创作效率的提升，并且在一定程度上打破了以人类为中心的单一固化的审美霸权。

未来通用人工智能的发展，有可能让人工智能受自主价值驱动，运用主动行为去实现无限任务。那时的人工智能也能够像人类一样，从现实的物质世界中汲取信息，从而创造出超越人类历史框架的艺术形式。因此，在现阶段人工智能只能依靠数据库和算法框架创造出“类人”的艺术时，便需要人类对人工智能进行规范和引导。人类对于人类和人工智能的未来负有责任，不管是从上到下的算法建构还是从下到上的数据库搭建，都需要人类在宏观框架和微观数据间注入“科技向善”的思想，助力人工智能创造尚美、求真、向善的艺术作品。

延伸阅读

米勒. AI艺术家：人工智能的创意与未来［M］. 林文杰，译. 北京：世界图书出版有限公司，2023.

思考题

1. 人工智能艺术还是艺术吗，为什么？

2. 请举例分析并畅想通用人工智能时代的艺术创作。

第三章　谁是人工智能艺术家

随着生成式人工智能的迅速发展，艺术创作迎来了新的变革。通过深度学习算法，人工智能已经能够模仿经典艺术风格、生成全新艺术作品，甚至引发关于“艺术家”身份的哲学思考。究竟是谁在创造这些作品？是编写算法的程序员、选择数据的策划者，还是负责调整和筛选作品的人类艺术家？抑或是人工智能自身？这些问题不仅关乎艺术创作的技术层面，也涉及艺术的定义、创造力的本质以及人类与机器的关系。

本章以“谁是人工智能艺术家”为核心问题，从技术与哲学两个维度探讨这一议题。第一部分主要回顾人工智能艺术创作的历史脉络，分析在软件主导的时代中，技术与人类对艺术创作的贡献如何重新划分，并以“人工智能艺术的图灵测试”引发关于创造主体性的深度思考。第二部分聚焦于人类在人工智能艺术创作中的不可替代作用，剖析从数据策划到结果优化的各个关键环节，揭示人类如何通过深度参与赋予人工智能创作过程更多的人性化表达与审美价值。第三部分从算法与人的博弈切入，通过分析生成对抗网络、风格迁移和神经网络的自主生成能力，探讨人工智能艺术如何在模拟、协作和自主性之间平衡发展。

这一章旨在回答一个核心问题：在技术日益占据主导地位的创作过程中，人类艺术家的角色与意义何在？通过深入剖析技术背景与哲学争议，我们不仅可以理解人工智能艺术的创作机制，还能对艺术的未来方向作出更深入的反思。

学习目标

1.探讨人工智能艺术的创造主体。

2.认识人类在人工智能创作中的关键作用。

3.分析人工智能艺术的未来趋势。

一、计算机 / 人：谁创造了人工智能艺术？

（一）软件时代谁才是艺术的创造者

在软件驱动的创作时代，艺术家与工具的关系变得更加复杂。传统意义上的艺术创作强调个体艺术家的才华和技艺，而数字媒体的普及与人工智能的应用正在重新定义“创造者”的身份。今天的艺术创作不仅依赖艺术家的灵感与努力，还依赖计算机程序的强大功能，例如Photoshop、Blender和Unreal Engine等软件。这些工具为艺术家提供了从技术实现到创意扩展的全方位支持，使得创作过程中的许多环节得以自动化或半自动化。

生成式人工智能是一类基于机器学习技术的系统，其输出内容在训练期间与输入数据空间存在部分或全部重叠。生成式人工智能系统通过生成模型进行工作，这些模型的目标是在统计上建模输入和输出空间的联合分布。尽管生成模型在分类系统中也有应用，但生成式人工智能强调的是其通过生成过程产生新内容的能力，而不仅仅是对现有数据的分类。

在图像生成领域，生成式人工智能的应用已得到显著发展，尤其是在视觉数据（如图像）的生成上。图像生成产品通常依据特定的生成模型构建，其中包括基于“文本到图像”和“图像到图像”两种主要应用场景的产品。随着技术的进步，现代生成模型已经能通过复杂的算法将自然语言提示转化为图像，或根据输入的图像生成变体。

随着生成式人工智能技术的发展，图像生成产品得到了广泛应用。基于扩散模型的图像生成工具，如Stability AI的Stable Diffusion、OpenAI的DALL·E 2和Midjourney（图3-1），已经成为非常受欢迎的商业和非商业图像生成系统。这些工具允许用户通过提供文本提示，生成各种风格和内容的图像。

图3-1　应用程序Midjourney

此外，许多公司也将图像生成技术集成到现有产品中，如Canva、Shutterstock和Adobe Stock等，通过合成图像增强其库存图像产品。而Adobe还推出了专门的图像生成器产品Adobe Firefly，进一步扩展了图像生成技术的应用范围。

许多研究者指出，将人工智能系统拟人化会带来问题，这种做法可能将责任从开发这些系统的人员转移到系统本身，仿佛它们拥有独立的意图。尤其是在讨论图像生成器时，常有论调将它们比作艺术家，甚至声称它们受到训练数据的“启发”，如同艺术家从其他作品中获取灵感。

然而，这些观点存在误导性且具有潜在危害。根据艺术与美学哲学家的研究，艺术是一种与人类文化和经验密切相关的独特努力。尽管非人类实体可以拥有审美体验或表达情感，但艺术品作为一种文化产品，必须通过文化资源的运用体现这些体验。艺术品的创作是一个受控的过程，旨在激发观众的感受，而非简单模仿或重复训练数据集。

从人类创作的角度来看，艺术品承载了丰富的文化背景。例如，梵·高的《星空》不仅是一幅视觉上迷人的画作，还蕴含了艺术家对生命与自然深刻的哲学思考。这幅画作捕捉了梵·高内心深处的孤独和对宇宙秩序的向往，以流动的笔触与夸张的色彩，展现了个人情感与外界景象的深刻联结。《星空》不仅是视觉上的享受，更是一扇通向梵·高精神世界的窗口。相较之下，图像生成器虽然能够通过技术模拟梵·高的风格，生成看似相似的“梵·高风格”画作，但这些作品缺乏对梵·高生活经历和内在情感的理解。生成器的输出是对视觉特征的技术性模仿，其本质是一种审美符号，未能承载完整的文化与情感意义。例如，一幅由人工智能生成的“梵·高风格”画作可能具备类似的色彩和笔触，但它无法再现梵·高在创作时对自然、生命以及自我存在的深刻反思。类似地，齐白石的水墨画作品不仅体现了他对自然的观察和细腻笔触，更传递出东方哲学中对“天人合一”的深刻思考。如果一幅人工智能生成的“齐白石风格”画作出现，其中的山水、花鸟可能完全符合传统水墨的构图规则，却无法体现艺术家个人的思想深度与文化情怀（见图3-2）。人工智能生成的“齐白石风格”画作，尽管在技术层面能够精准复刻传统水墨的构图范式，诸如山水的远近层次、花鸟的姿态布局，皆可达到乱真之境。然而，人工智能依靠预设算法与数据学习来拼凑画面元素，缺失的恰恰是艺术家亲身浸淫自然、历经岁月沉淀而来的生命感悟。没有了个体生命历程中的那些跌宕起伏、灵光乍现，也就无法孕育出真挚深沉的思想情感。文化情怀更是难以模拟，它不是冰冷代码能够堆砌之物，而是在特定文化土壤、时代风气中经年累月滋养而生，是人类艺术家专属的精神标识。

图3-2　人工智能生成的“齐白石风格”水墨山水作品

艺术是为了服务于文化目的而产生的。知更鸟的鸣唱或孔雀的舞蹈，是出于生存需求的本能行为，而人类的歌唱与舞蹈则与生存压力脱离，服务于更高的文化需求。这种区分表明，艺术是一种独特的人类活动，而非人工制品可以完全实现的领域。

人工智能在创作中表现出的“技巧性”可能比人类更为完美，但缺乏艺术品所需的情感和文化深度。正如艺术家卡拉·奥尔蒂斯所言，图像生成器无法真正拥有风格，而艺术家的个人风格如同其指纹，是其长期探索与积累的结果。因此，艺术不仅仅是技术层面的表达，更是人类对文化、情感和美学的独特贡献。在艺术创作领域，人类艺术家与人工智能艺术呈现出显著的差异：在创造力维度方面，人类创作植根于个体经验与视域，天然受限，人工智能艺术则借助算法优势，突破传统认知藩篱，开启肆意探索的创新模式；在情感表达方面，人类艺术家诉诸真实生活感悟，作品蕴含复杂深沉情感，极易引发受众共情，而人工智能艺术仅能模拟情感表象，难以唤起真切共鸣；在创作速度方面，人类艺术家秉持精雕细琢的匠人精神，创作周期漫长，人工智能艺术依托强大算力，得以在瞬息之间完成作品产出。

（二）从创造力生成到专业化提升

1.软件时代的创造力

首先，我们需要认识到，当今媒体和设计领域的所有创意工作都在数字环境中进行——涉及使用适当的软件、服务和在线资源。创作者可以通过社交媒体和专门的艺术、摄影、视频和音乐分享网站即时访问他人创作的众多作品，还可以访问提供库存媒体、模板和效果的网站（如Shutterstock、Adobe Stock等）。他们可以观看其他创作者如何完成任务，并访问其项目媒体文件，甚至可以在创作者使用的应用程序中查看这些文件。例如，Photoshop允许你查看他人项目中所有的修改图层。你还可以将另一位创作者的创意选择和决定（例如色彩和色调修改）直接应用到你的项目中。

当创作者编写代码来制作交互式、生成式或动画作品时，这种方法更为重要。学生和专业人士通常从复制别人的计算机代码开始，然后对其进行修改。Processing等创意应用程序的流行编程语言和库的教程可能会提供完成各种任务的代码示例，并要求学习者对其进行修改。

数字媒体将创意过程外化并重新构建为一系列具有数值参数的离散操

作。虽然传统的艺术和手工艺教育也是基于复制其他大师的作品，但数字媒体在本质上改变了这种做法。它将人的思维和创意过程外化，将其转化为一系列具有定义细节的数值参数的离散操作。软件会单独保存每一个操作，我们可以研究这些操作并将其应用到自己的工作中。当数字媒体模拟物理艺术材料，如使用各种“画笔”进行“绘画”时，这些看似连续的创作过程也变得离散——例如，一些绘画程序会记录每一笔笔触，允许创作者逐一撤销它们。

如果进行创意编程，同样可以复制、检查，然后修改另一个人在其编写的程序中体现的逻辑。你可以运行每个控制或生成图像、文本、摄像头输入、声音的程序（这些在Processing社区中被称为Sketch），检查其完整代码，并立即“分叉”它，即复制并开始修改它。

虽然目前教计算机制作艺术作品的常见方法是让它在一个包含大量现有艺术作品的数据集上进行训练，这只为计算机提供了创意过程的结果，但更好的做法是使用导致最终艺术作品的行动序列。因此，计算机不仅可以学习盲目地模拟输出，还可以被教会像人类创作者一样思考——从而获得真正的艺术智能。

让我们继续列举数字媒体改变艺术创作过程的方式。当代创作者拥有可以创造许多视觉、声音、空间、多媒体和交互式效果的技术，而这些效果是早期的艺术和媒体技术所无法实现的。例如，使用空间视频投影映射、动画粒子系统、表演和装置艺术中的机器人技术，或建筑中的新材料。即使新技术使用旧技术，它们也与早期版本在本质上不同。想想你用手机拍摄的8K分辨率视频——这种视频的分辨率比100年前电影制作人所能获得的分辨率高出约50倍。虽然我们把20世纪20年代的胶片电影和今天用手机制作的数字电影都称为“电影”，但它们是不同类型的视觉媒体。

2. 人工智能将与谁竞争?

研究者在定义面向“创意机器”的图灵测试时，提出了几个需要认真考虑的关键问题。

在有无数现成的视觉和音频媒体、模板、滤镜、特效、风格等可供业余和专业创作者使用，且还有大量教程的情况下，今天的“创作”意味着什么？我们是否应该尝试模拟这种当代的“数字创造力”？或者，我们是否希望与数字时代、软件时代和网络时代之前的艺术成就和创作过程相匹敌？

在测试过程中，我们是否希望人工智能仅通过接触某一特定历史时期、特定地点、特定媒体类型或体裁的作品示例，就能从零开始创作出新作品？它是否有机会接触到所有人类文化遗产的数字化版本？抑或是，它是否也能像当下人类创作者一样，充分利用所有数字文化环境所赋予的一切便利条件？简言之，我们希望人工智能模拟的是19世纪、20世纪还是21世纪的艺术家？

我们希望人类艺术家与能够从头到尾完成整部作品的人工智能系统竞争吗？或者，我们是否对人工智能助手进行测试？如今，人工智能辅助人类创作过程、提升人类创造力已成为常态。下面列举一些数以千万计的人每天使用的此类工具实例：照片的“自动增强”（在Lightroom、Apple Photos、Google Photos和无数其他照片编辑应用程序中可用）；自动选择照片和视频中的人脸、人物和其他对象，以便它们可以与背景进行不同的编辑（由Photoshop、Premiere等提供）；从用户的媒体库中自动选择最佳照片（Lightroom）；使用单张照片模拟摄像机移动和视差（Google Photos）；自动重新排列和设计元素以生成新布局（Adobe Spark）。（这些例子仅涵盖了一些非常受欢迎的软件应用程序，许多其他应用程序也提供了所描述的功能。）

我们是否希望人工智能去模拟19世纪、20世纪或21世纪的艺术家？

在图灵测试的原始场景中，一个人与看不见的实体进行对话。这个实体可以是另一个人或计算机。测试并不假设人类具有任何专业知识或技能。人类具有非常复杂的感知和认知能力，自20世纪50年代人工智能领域出现以来，制造出具有类似能力的计算机就被视为人工智能研究的目标。

换句话说，研究人员希望人工智能能够做所有正常人都能做的事情：理解感官捕捉到的信息，生成语法正确且语义上有意义的句子和文本，理解其他人在说什么，运用基本逻辑和推理，并制定实现目标的计划。

在心理学、语言学和认知科学中，研究人员争论某一特定的人类认知能力是否具有生物或文化起源——我们是天生就具备这种能力，还是在与环境和他人互动中习得的？这个问题与我们的主题密切相关，但我们留待别处讨论。

如果想比较人工智能创作者和人类创作者，我们不能简单地邀请任何人在一个房间里“创造性地创作艺术”，然后让另一个房间里的人判断这些作品是由这个人还是计算机创作的。我们并非天生就具备完全成形的绘画、作曲、写诗、编织彩色图案布料、雕刻人像或人脸及用不同材料制作精美装饰和饰品的能力。在过去7000年的每一种传统人类文化中，都有一些人在这些艺术领域中发挥了非常出色的技能。在学徒制传统形成之前，他们是如何获得这些技能的？为什么这在每一种传统文化中都会发生呢？

心理研究支持这样一个假设：只有一些儿童具备天赋，这些天赋有助于他们日后在某些方面变得非常熟练。

据说，一些儿童具有某些天赋，这些天赋能选择性地促进他们获得高水平的技能，而其他儿童则没有。这一说法的证据包括特定能力的生物学相关性、孤独症奇才的某些罕见能力，以及幼儿身上看似自发出现的非凡能力，但也有相反的证据表明，高水平技能早期并无先兆。

心理学家还发现，基因对幼儿的绘画技能有很大影响。他们对数千名4岁和14岁的儿童进行了这些技能的测试，发现这两个年龄段中的遗传都与绘画的准确性相关。

在人类艺术技能习得方面，大脑并非一张白纸。并非所有成年人都能自然发展出良好的艺术技能，这意味着被编程具备此类艺术技能的人工智能并不是在模拟普遍的认知能力。相反，它是在模拟通过学习获得的技能，无论是通过模仿其他地方看到的例子、接受正式培训或当学徒、遵循在线教程，还是以其他方式。

许多人可以轻易获得一些创造性技能，如跳舞。通过适当的训练方法，他们也可以学会绘画、唱歌等技能。然而，并不是每个人都能成为技艺高超的歌剧歌手或熟练的工匠。

3.谁是“专业人士”？

我们希望机器模拟的艺术技能水平是什么？是接受过一定训练的人的平均水平吗？还是我们希望它与专业艺术家竞争？

但是，我们如何决定谁才算“专业人士”呢？我们是选择那些在大学或艺术学校经过多年学习并获得文凭的人吗？还是这些人已经在其领域获得了一定程度的认可？然而，认可取决于许多因素，并不一定与天赋和艺术技巧的水平相关。在一些艺术领域，如古典音乐，这种相关性可能很强，而在其他领域，如当代艺术，这种相关性可能就很弱。原因是，在第一种情况下，古典音乐界（表演者、教师、评论家、比赛评委）的成员有共同的评判标准，并用这些标准来评估每个人。但在第二种情况下，却没有公认的共同标准。因此，有人之所以能获得重要艺术家的声誉，是因为他们被有影响力的画廊和博物馆展出和推广，他们的作品符合当前备受推崇的特定意识形态议程，他们毕业于最负盛名的艺术学校之一，等等。

如果高雅文化的创作者及其个人作品的名声并不总是与其技能和天赋水平相关，而是受到经济和意识形态因素的影响，那么使用这样的作品来为艺术人工智能进行测试就变得困难了。如果我们转而考虑当代文化中不同的、更民主的审美评价机制呢？当今那些没有接受过正式艺术训练的创作者，他们在各种社交媒体平台和作品集网站（如Behance、ArtStation、deviantArt等）上发布自己的作品，并从网络观众那里以点赞、分享、"#赞赏"、评论等形式获得对这些作品的认可。

也许积累最多赞赏的人（根据平台不同，可以是点赞、收藏、鼓掌、投票等）是当今最有才华的创意专业人士，而人工智能需要与他们竞争？类似的问题也适用于那些接受过深入艺术训练并以摄影师、电影剪辑师、歌曲作家、网页设计师等身份谋生的人，他们在作品集网站上发布作品，供其他人投票。Behance等网站上有数百万个由这类专业人士在数十个领域创作的创意项目。这些点赞最多的项目是否代表了当今每个领域的最高水平？

21世纪初，计算机科学家开始使用早期网站的数据，在这些网站上，摄影爱好者和专业人士分享他们的照片，而其他摄影师则评判这些照片的美学质量。他们分析了数十万张照片的评分，发现人们对最差和最好的照片（在1—10的评分体系中为1—3分和7—10分）的评判大多非常相似。换句话说，不同的摄影师对最差和最好的照片看法一致，但中等质量的照片得分却大相径庭。这项研究表明，在任何社交或专业网络上直接对评价进行平均并不是艺术人工智能测试选择作品的最佳方法。

也许，使用那些在多个创意领域存在的顶级国际比赛和颁奖典礼中获奖的艺术作品会更好，如电影节或文学奖。然而，由于现在有数百万名专业创作者，每年创作出数十亿部作品，我们可以肯定地说，这些奖项也不是最好的评价方法。

无论我们如何定义，21世纪艺术专业人士的数量都大幅增加。他们有许多机制和平台来分享作品并获得认可。目前没有任何单一的评价机制——无论是点赞、比赛中的奖项、其他专业人士的评判，还是学术专家的评判——能够涵盖足够多的作品并保持足够的客观性。简言之，如果我们想让一个人工智能创作者与当今最好的创意作品竞争，那么定义什么是“最好”就颇具挑战性。

如果我们将创意人工智能图灵测试仅限于过去的杰作，即人类文化历史上杰出的成就，又会怎样呢？但这也有一定的主观性。研究艺术典范的学者——那些认为过去的作者和作品代表了人类最高的艺术成就的学者——揭示了这些艺术典范如何随着时间的推移而发生显著变化。整个历史时期可能一度被认为无趣、不重要或颓废，而后又受到人们的敬仰。欧洲文化史上的一些最基本概念，如中世纪和巴洛克时期，就是我们的历史文化评价如何随时间发生巨大变化的很好例证。

依赖历史上“最佳”艺术家、作曲家、作家等的典范，或这些创作者特定“杰作”的列表是有问题的。个人创作者的名声随着时间的推移而不断变化，至今仍在变化。一度著名的创作者可能会被人遗忘，而那些当时不被认为伟大或根本不为人知的人，可能会在几十年或几个世纪后成为典范。艺术作品本身也可能发生类似的变化。

例如，在*Impressionism and Its Canon*（《印象主义及其典范》，2005）一书中，詹姆斯·卡廷对20世纪法国印象主义绘画典范的形成进行了细致入微的分析。这里的典范指的是在艺术史书籍中最常被复制和讨论的印象派艺术家的作品。据估计，印象派艺术家在他们的一生中创作了大约11600幅油画和色粉画。卡廷从康奈尔大学图书馆挑选了95本讨论印象派的艺术史书籍。他和他的学生发现，在这些画中，只有1400幅至少在这些书籍中出现过一次，而只有138幅出现了超过10次。[①]换句话说，只有1.1%的印象派作品被频繁复制，从而形成了我们所说的“印象派典范”。书中表明，这些最常被复制的作品客观上比其他许多这位艺术家的油画或色粉画更好是一种天真的想法；相反，典范的形成历经数十年，包含了许多不同的事件，没有任何一个事件主导这一过程。

二、人在人工智能艺术中的作用

（一）指导角色：人类对人工智能创作的先决影响

数据是人工智能创作的基石，而数据的策划与收集直接决定了人工智能生成作品的质量和风格。人类的指导作用首先体现在训练数据的筛选和组织上。不同的数据来源会影响人工智能生成作品的艺术方向。

土耳其裔艺术家雷菲克·阿纳多尔以其独特的数据艺术作品闻名，他将科学与艺术的边界模糊化，为观众提供了一种结合数据视觉化和动态艺术的全新体验。在阿纳多尔的作品中，他充分利用数据作为媒介，通过生成对抗网络技术，将宇宙数据转化为动态的艺术装置，为数字艺术开辟了新的可能性。他的代表作之一便是以NASA的宇宙图像库为基础创作的“宇宙景观”。

阿纳多尔从NASA的宇宙图像库中提取了大量天文数据，包括星系、星云和宇宙尘埃等天体图像。这些图像不仅承载着科学探索的结果，同时也蕴含了宏伟的自然之美。通过对这些数据进行筛选与整理，他设计了一种专门的流程，将这些静态的天文数据转换为动态的艺术表达形式。在采集数据的过程中，阿纳多尔不仅关注数据的科学属性，更注重其视觉美

① Artificial aesthetics：generative AI，art, and visual media［EB/OL］.（2024-10-03）［2024-11-05］. https://manovich.net/index.php/projects/artificial-aesthetics.

感。例如，他会选择具有独特纹理或色彩的星系图像，以确保最终作品能在视觉上打动观众。这种对数据审美性的强调，使得他的作品能够在科学与艺术之间找到平衡点（见图3-3）。

图3-3　阿纳多尔基于宇宙图像的艺术创作①

这些动态画面通常采用大型投影装置呈现，观众可以沉浸在不断变化的宇宙景观之中。作品中的每一帧画面都是由GANs生成的独特影像，具有不可重复性，使得观众每次观看时都能体验到不同的视觉效果。这种动态艺术的特性，极大地增强了作品的互动性和观赏性。

阿纳多尔创作的“宇宙景观”不仅以壮观的视觉效果著称，同时也激发了观众对宇宙和人类所处位置的深刻思考。在展览中，大型屏幕或穹顶投影被用于展示这些动态的宇宙画面，观众仿佛置身于一场视觉与听觉的

① 大敏敏于市. Refik Anadol丨AI艺术的先行者，在数字光影艺术中发掘无限可能［EB/OL］.（2024-10-17）［2024-11-03］. https://mp.weixin.qq.com/s/bUsednOKs0xtbLvQE6W9-Q.

宇宙旅行中。伴随着沉浸式的音效，星系之间的运动、光影的流动将宇宙的浩瀚与神秘表现得淋漓尽致。

在这种创作中，数据被赋予了全新的艺术意义。数据不仅是科学研究的工具，更是一种能够传递美感的媒介。静态的天文数据通过动态艺术形式转化为生动的视觉作品，让观众直观感受到宇宙的律动与和谐美。阿纳多尔通过这种方式重新定义了数据的意义。在他看来，数据不仅是科学的工具，更是一种艺术媒介。他将原本抽象、静态的天文数据赋予生命力，通过动态的艺术形式让观众感受到宇宙的律动与美感。

“宇宙景观”不仅是一场视觉盛宴，也承载了深刻的哲学思考。阿纳多尔通过作品向观众提出了这样的问题：宇宙的本质是什么？人类在宇宙中的位置在哪儿？这些问题引导观众从纯粹的视觉享受过渡到对生命意义和宇宙奥秘的探索。在一定程度上，这种艺术形式还融合了不同文化对宇宙的理解，为观众提供了一种跨文化、跨学科的沉思空间。

“宇宙景观”不仅仅是一件艺术作品，更是科学、技术与艺术融合的典范。通过对NASA天文数据的独特处理，阿纳多尔成功地创造了一种全新的艺术体验，将观众带入一个动态的、充满美感的宇宙世界。这种结合了科学与艺术的表现形式，不仅展现了科技的无限可能，也为艺术创作开辟了新的道路。

数据是人工智能创作的基石，而数据的策划与收集直接决定了人工智能生成作品的质量和风格。人类的指导作用首先体现在训练数据的筛选和组织上。不同的数据来源会影响人工智能生成作品的艺术方向。

Holly Herndon（霍莉·赫恩登）是一位美国电子音乐艺术家，以其在音乐创作中融合人工智能而闻名。她的第三张专辑*PROTO*于2019年发布（见图3-4），其中大部分作品是与她自己的AI“婴儿”——Spawn的人工智能合成器共同创作的。

图3-4　霍莉·赫恩登的音乐专辑*PROTO*封面

在这张专辑的创作过程中，赫恩登与程序员Jules LaPlace（朱尔斯·拉普拉斯）合作，使用她和朋友们的声音训练Spawn，使Spawn能够理解和生成音乐段落。这种方法并不是将人工智能视为人类作曲家的替代品，而是将人工智能视为合作者，能够向与其并肩工作的音乐家学习，同时给他们带来惊喜并增强他们的能力。赫恩登强调，尽管人工智能在创作过程中发挥了重要作用，但她仍然是作曲家，人工智能是乐团的成员，与人类一起即兴创作、唱歌和表演。她表示："我没有将我的作曲外包给人工智能，我仍然是作曲家。我是乐团的导演，而AI是乐团的成员，与我们一起即兴创作、唱歌和表演。"

通过这种方式，赫恩登展示了人类与人工智能在艺术创作中的深度合作，体现了人类在创作过程中的指导和再创作作用。她的作品不仅探讨了人工智能在艺术中的应用，也反映了人类在与人工智能合作中的独特创造力和情感表达。赫恩登的专辑在音乐界引起了广泛关注，被视为人类与人工智能合作创作的先锋之作。她的创作过程和理念为艺术家与人工智能合作提供了新的视角和方法，拓宽了艺术创作的边界。

（二）思维与情感：弥补人工智能领域创作空白

1.思想的深度

人类艺术创作的独特性体现在思想的深度上，这种深度源于复杂的思维方式、个人经历与文化背景的融合，以及作品中深层意义的构建能力。人类思维充满直觉性与跳跃性，常以突发和不可预测的方式展现，蕴含着创造力与灵感的火花。这种创作方法结合了艺术家天生的感知力与丰富的生活阅历。直觉和灵感在艺术创作中至关重要，它们帮助艺术家捕捉意外的美好瞬间或深刻洞见，从而揭示复杂主题，赋予作品隐喻与象征意义，最终呈现深刻的艺术内涵。

与此相比，人工智能的创作过程则是基于预设的逻辑、现有的数据集和事先定义的算法模型。简言之，人工智能的艺术创作通常是对其所接触到的信息元素进行再现和重组，更多的是在已知艺术风格的基础上进行融合加工，而非源自内在的创造性直觉。人工智能的创作是计算化、程式化的，强调精确与系统化，往往缺乏那种充满偶然性与灵感的美妙意外。

此外，艺术家的丰富生活经历与文化背景也对其创作产生深远的影响。优秀的艺术家在选择故事题材、视听语言表达方式以及构建作品世界观时，常常融入其独特的历史记忆与文化烙印。艺术家能够将对民族文化的深刻理解、对社会现实的敏锐洞察以及对人类命运的关注，巧妙地融入作品之中，并为其赋予深刻的思想内涵和审美价值。这种综合性的创作动力，正是人类艺术创作的核心所在。

相比之下，尽管人工智能能够模仿人类创作的手法和表现元素，但它缺乏对这些独特生命体验的理解与感悟。人工智能在艺术创作中无法完全传递那些根植于人类经验和价值观的深层思考，也难以表达那些源自人类内在生命力和灵魂的艺术特质。因此，人工智能所创造的作品往往缺少那种深刻的情感和独特的思想深度。

2. 情感的温度

情感是人类的自然本能，也是我们在进化过程中发展出的感性认知方式。情感本质上是人作为能感知情绪的主体，与外界事物互动时所产生的生理和心理层面的回应。情感不仅是人类理解和体验世界的独特能力，也起着连接个体与外界、过去与现在的桥梁作用。

正如苏珊·朗格在其著作《情感与形式》中所言，“艺术是人类情感的符号形式的创造”[①]。她认为，艺术的存在与生命情感的创造密不可分。没有情感的创作，便无法产生真正的艺术。这一观点揭示了情感在艺术创作中的核心地位。艺术家的任务就是将个体的情感体验通过作品转化为象征性的形式，通过表达喜怒哀乐、爱恨情仇等情感与观众建立深刻的情感联系，使作品具有生命力与真实感。

相比之下，人工智能生成的艺术作品，其情感表达是建立在大数据分析、机器学习算法等计算机技术之上。人工智能的情感模拟与人类情感的最大区别在于，人工智能的情感是模拟的，而人类的情感则是基于个体独特的生命体验生成的。因此，人工智能在艺术创作中所生成的作品通常缺乏情感的温度，难以产生触动人心的审美效果。人类的情感具有深刻的情商和同理心，而机器生成的作品往往缺乏这种微妙的情感交流。这一局限性使得人工智能在创作中无法真正体现人类情感的丰富性与复杂性[②]。

人工智能在艺术创作中的这一局限性，不仅是其创作过程中遇到的障

① 朗格. 情感与形式［M］. 刘大基，傅志强，周发祥，译. 北京：中国社会科学出版社，1986：51.

② 张蓝姗. 机器的人性化与人类的机器化［J］. 中国电视，2024（3）：86-92.

碍，也是其无法创作出具有深度情感和感人力量的作品的原因之一。虽然人工智能能够根据设定规则生成内容，但它无法真正理解和表达情感。因此，人工智能创作的艺术作品更多的是技术性和模仿性的，而非情感充沛和具有生命力的艺术表达。

3. 人机协作：重新定义“创造者身份”

人工智能艺术作品的生成依赖于人类的指导与文化积累，因此人工智能的角色更接近于一种技术手段，而非真正的艺术。

随着人工智能技术在艺术创作领域的广泛应用，人类在创作过程中的思维方式和决策模式正经历深刻的转变。从绘画、音乐到文学创作，人工智能工具的引入使创作者在创作过程中越来越依赖数据分析和算法指导，优先考虑效率而非艺术表达，趋向寻求由算法或数据驱动的解决方案，这在一定程度上反映了人类思维和创作方式的“机器化”。

早在1950年，图灵就提出人的大脑活动在实质上可以被还原为计算的活动或过程。后续学者将人类思维与计算机运行逻辑等同，认为“计算思维是运用计算机科学的基础概念进行问题求解、系统设计以及人类行为理解的思维活动”。这些观点反映了人类在日常活动中，包括艺术创作时，越来越频繁地运用机器逻辑的趋势。

在艺术创作实践中，人类的“机器化”既体现在对人工智能工具的依赖上，也反映在创作思维的转变上。例如，人工智能绘画工具可以将创作者的构思转化为视觉作品，人工智能音乐生成器可以根据输入的旋律与和弦生成完整的音乐作品。此外，创作者还可以通过人工智能工具分析观众的偏好和反馈，根据数据调整作品的内容和形式，从而更精准地捕捉并维系目标观众的注意力。这种创作策略标志着人类的创作模式从以往依赖个人经验、直觉和创造性思维，向综合运用机器运算逻辑和数据分析方法的转变。

然而，人工智能在艺术创作中的应用也引发了对人类独特性的思考。尽管人工智能可以生成具有独特创意和风格的作品，但其创作过程主要依赖于对大量人类艺术数据的深度学习，缺乏人类艺术家在创作中融入的个人经验、情感和文化背景。人类艺术家的独特能力在于能够将个人经验和情感融入作品，这种能力是人工智能目前无法实现的。此外，人工智能生成的作品可能会对人类艺术家造成冲击，引发职业替代和竞争问题。因此，尽管人工智能在艺术创作中提供了新的可能性，但人类艺术家的独特性和创造力仍然是不可替代的。

在艺术创作中，创造力的价值如同在其他领域一样，往往受到环境的影响。因此，人工智能等技术不仅将艺术作品与创作环境紧密联系，还为广泛的社区提供了制作工具。这些社区成员并不一定具备传统艺术创作所需的技术技能或知识，也可能不熟悉以往艺术鉴定的标准。然而，从更广阔的视角来看，用户友好的人工智能工具的出现，能够激发用户的整体创造力和认知过程，尽管这些长期收益的客观评估仍然充满挑战。①

总的来说，人工智能在艺术创作中的应用既带来了新的创造性可能性，也引发了一系列伦理、道德和法律等议题。在不断发展的数字时代，艺术家和观众需要共同探索如何与人工智能和新技术共存，并在其中找到平衡点，以推动艺术创作的不断创新和发展。②

三、算法与人的博弈：谁来决定人工智能艺术的未来

在人工智能艺术的发展进程中，算法与人在创作过程中的角色和影响力一直是备受人们关注的焦点。算法凭借其强大的数据处理和模式识别能

① GORDAN K，ANTONIO，DEJAN G. Toward an Artist-Centred AI［J］. arXiv preprint arXiv：2406.11866，2024.

② 张蓝姗. 机器的人性化与人类的机器化［J］. 中国电视，2024（3）：86-92.

力，为艺术创作带来了新的可能性和效率；而人类则凭借其独特的审美感知、情感体验和创造力，赋予艺术作品深刻的内涵和价值。两者之间的相互作用和博弈，共同塑造了人工智能艺术的面貌。具体而言，人工智能技术可以对艺术作品的受众进行深入分析。通过研究观众的兴趣、喜好和行为等数据，了解他们的需求和偏好，从而为观众提供更加精准和个性化的艺术作品推荐和展示服务。例如，智能推荐系统能够根据用户的喜好推荐相应的文化产品，提升用户体验。此外，人工智能技术还可以利用个性化推荐算法，根据观众的历史浏览记录和行为数据，为观众推荐更符合其兴趣和喜好的艺术作品。这种个性化的推荐方式有助于观众更快地找到自己喜欢的作品，提高观众的满意度和忠诚度①。这些技术帮助观众更快地发现自己喜爱的艺术作品，同时也增强了艺术作品的曝光度和传播效果。

下面将从模拟过去的艺术、协同创造艺术以及自主生成三个方面，深入探讨算法与人在人工智能艺术中的角色和关系。

（一）模拟过去的艺术：扩展图灵测试

在人工智能艺术领域，模拟过去的艺术是一种重要的探索方向，其核心在于运用算法使计算机能够生成与历史艺术风格相似的作品。这种方式涉及对扩展图灵测试概念的应用，旨在判断计算机生成的艺术作品是否能被专业人士误认为是特定时期的原创作品。

从算法的角度来看，计算机通过对大量历史艺术作品数据的学习，能够模拟出各种艺术风格的特征。例如，在图像生成方面，神经网络可以根据特定艺术家的风格数据进行训练，从而生成具有相似风格的新图像。在这个过程中，算法主要负责分析和提取历史艺术作品中的模式、风格元素

① 张思鸣. 人工智能时代艺术设计探索研究［J］. 鞋类工艺与设计，2023，3（14）：129-131.

以及创作规律，以此为基础生成新的作品。

然而，人类在这个过程中同样发挥着不可或缺的作用。首先，人类需要策划和收集用于训练的数据，这要求人类具备深厚的艺术史知识和敏锐的审美判断，以确保数据的质量和代表性。其次，尽管算法能够生成看似符合历史艺术风格的作品，但对于这些作品是否真正具备艺术价值以及能否被视为有效艺术的判断，仍然依赖于人类专业人士的评估。艺术评论家、艺术理论家、哲学家以及文化社会学家等专业人士，凭借他们对艺术本质的理解和丰富的经验，对计算机生成的作品进行审美评判。

这种模拟过去艺术的方式存在一定的局限性。由于现代艺术的发展不断挑战和突破传统艺术的边界，而计算机在模拟历史艺术时往往依赖于既定的风格模式，难以实现对艺术边界的创新拓展。尽管如此，模拟过去的艺术依然为人工智能艺术的发展提供了重要的基础，通过对历史艺术的深入理解和模拟，有助于进一步探索人工智能在艺术创作中的潜力。

从长远来看，人工智能的“黑箱”效应可能会对艺术家产生深远的影响。如今，普通用户通过ChatGPT、Make-a-Scene、GLIDE、Imagen、Parti、Simulacrabot、Dreamstudio或Midjourney等生成系统，可以通过文字提示或简单的参数调整，生成表面上具有原创性的艺术作品，而这些作品可能被认定为艺术创作。这些机器对某些艺术创作过程的模仿，揭示了一个古老的问题：艺术家对其创作工具的理解与作品的诗意表达之间的关系。在对工具功能了解有限的情况下，艺术家如何清晰地表达创意意图、做出艺术选择，并在创作过程中确定自己的角色？这一问题在构思、创作、展示、交流等复杂的社会和关系性过程中尤为重要，无论是在商业领域还是自由创作中。

目前，许多用于增强创造力的机器学习系统都是围绕特定使用模式设计的，这些模式往往强加了固定的程序和美学词汇表。在这种环境下，人工智能艺术作品的美学和认识论发展方向在很大程度上是由这些工具的不透明启发式决策所决定的，而这些决策未必与传统的艺术价值观保持一致。这种局面可能导致艺术风格上的同质化，并将创意生产变为技术上利益和偏见的放大器，就像流媒体平台中的品位推荐算法所形成的“过滤泡泡”一样。

与此同时，人工智能对可识别艺术形式和风格的模仿创造了一种社会代理和创作自主的幻象，这不仅贬低了人类创作的价值，也引发了虚假的但普遍的恐惧——即艺术家将被算法取代，或者自动化将彻底改变许多艺术创作领域的不稳定性。在这种综合影响下，一些艺术家可能会感到人工智能对他们的创作实践、职业生涯甚至存在意义构成威胁。他们可能会出于原则性原因拒绝这项技术，而忽视它可能带来的新表达途径的潜力。实际上，人工智能的发展主要受到科学、技术和经济利益的驱动，因此设计深度适应并高度定制的艺术创作工具并非其首要关注点[①]。

（二）协同创造艺术：生成对抗网络与风格迁移

协同创造艺术是人工智能艺术发展中的一个关键阶段，在这个过程中，生成对抗网络和风格迁移等技术发挥着重要作用，它们使得计算机与人类能够更加紧密地合作，共同参与到艺术创作中。

1. 生成对抗网络

生成对抗网络的核心原理是通过两个相互对抗的神经网络来实现艺术创作。其中一个网络负责生成新的艺术作品，另一个网络则负责对生成的作品进行评估，筛选出与训练样本相似的作品。这种机制促使生成网络不断改进，以生成更符合要求的作品。

---

① KREKOVIĆ G，POŠĆIĆ A，GRBA D. Toward an artist-centred AI［EB/OL］.（2024-04-13）［2025-05-07］. https://arxiv.org/abs/2406.11866.

在这个过程中，人类的角色至关重要。网络的结构设计和算法选择由人类主导，直接关系到模型的学习效果与生成质量。同时，训练数据的选取由人类决定，不同的数据内容会引导模型生成风格迥异的作品。最后，人类对生成作品的筛选和评估决定了哪些作品具有更高的艺术价值，从而进一步影响网络的优化方向。

2. 风格迁移

风格迁移技术允许将一种艺术风格从一个图像或一系列图像转移到新的图像或视频中。例如，可以将梵·高绘画的风格应用于一张照片上，使照片呈现出梵·高画作的风格特点（见图3-5）。

图3-5　利用Midjourney将梵·高的画作进行风格迁移创作

然而，这种风格迁移方式存在一定的概念性问题。以梵·高的艺术为例，他的作品风格并非一种独立于作品内容的形式，而是与作品所描绘的具体内容紧密相关。梵·高对天空、树木等不同对象的描绘方式各有特色，这使得通过风格迁移生成的梵·高风格图像往往无法真正捕捉到其艺术的核心逻辑。尽管如此，风格迁移技术在一定程度上仍然为艺术创作提供了新的创意和表现方式，激发了艺术家和创作者的灵感。

在协同创造艺术的过程中，虽然算法在生成和筛选作品方面发挥了重要作用，但人类的主观判断、审美选择以及对艺术创作的整体把控，始终贯穿于整个创作流程，确保了艺术作品在具备技术创新的同时，也能满足人类对艺术的审美和情感需求。

（三）自主生成：机器学习与神经网络

机器学习与神经网络的发展为人工智能艺术的自主生成提供了新的可能性，这标志着人工智能艺术进入了一个新的阶段。

在机器学习过程中，计算机能够从大量的艺术作品数据中自动提取共同模式，从而生成新的艺术作品。神经网络在这个过程中扮演着关键角色，它通过构建复杂的模型，对输入的数据进行学习和分析，挖掘其中的潜在规律。像MuseNet这样的深度神经网络能够生成融合多种风格的音乐作品，如将肖邦夜曲的前6个音符与流行音乐风格相结合，创作出全新风格的音乐。

然而，尽管计算机在这个过程中表现出了一定的自主性，但人类仍然在多个环节发挥着重要的控制作用。在神经网络的设计阶段，人类需要确定网络的架构和算法，这直接影响到网络的学习能力和生成效果。人类创建的训练集决定了计算机学习的范围和方向，不同的训练数据将导致不同风格和特点的作品生成。此外，人类对计算机生成的众多作品进行筛选，选择那些符合人类审美和艺术理念的作品，这进一步影响了最终呈现给观众的艺术成果。

伦勃朗（Rembrandt Harmenszoon van Rijn）是欧洲17世纪最伟大的画家之一，也是荷兰历史上最伟大的画家。他一生画了600多幅油画、300多幅蚀版画和2000多幅素描，还画了100多幅自画像，而且他的家人几乎都在他的画中出现过。

创作团队将伦勃朗的346幅画作进行高精度研究，构建了一个150GB的数据库。研究手段包括逐像素分析、高分辨率3D扫描以及数字化处理，确保数据的精确性与全面性，构建了一个庞大的训练数据集。利用这些数据，团队设计了专用的机器学习算法，分析伦勃朗创作中的深层模式，从而生成一幅全新的画作。

在伦勃朗的作品中，他常以肖像画著称。创作团队通过算法分析其肖像作品的特征，包括性别、年龄、头部方向、手部姿势等，并据此生成了一组符合伦勃朗风格的创作条件：

人物肖像，高加索白人，男性，30—40岁，有胡须，穿黑色服饰，戴领子与帽子，面朝右侧。

为了捕捉伦勃朗作品的独特性，算法深度模拟了他的光影处理手法。伦勃朗以“聚光灯效应”著称，常利用光线凸显画面主体，同时将背景置于阴影中。这种技术为画作增添了戏剧性的张力。

创作团队将人物面部分解为多个细节部分（如眼睛、鼻子、嘴巴等），分别生成相关数据，再根据面部比例调整这些细节，确保呈现伦勃朗绘画中典型的人物特征。伦勃朗的油画不仅展现了细腻的光影效果，还以其立体的笔触和多层涂绘而闻名。为真实再现这一质感，团队借助3D扫描技术分析画布的复杂纹理，并通过算法生成高度图利用3D打印技术，团队逐层打印了13层UV油墨，每一层都精准控制油墨的厚度与位置，从而再现了伦勃朗作品中的立体质感和细腻的涂抹技巧。经过多轮打磨与技术优化，这幅“新伦勃朗”肖像画最终完成。每一个笔触、每一处光影、每一个细节都达到了伦勃朗风格的高度还原，仿佛400年前的大师重新回到了人们的面前（见图3-6）。

图3-6　伦勃朗自画像和“下一个伦勃朗”作品的对比

“‘下一个伦勃朗’不仅展示了数据在提高效率上的应用潜力，更通过技术让艺术变得更加贴近人性，触动了人类的灵魂。”——来自微软项目资助方的Ron Augustus如是说。[①]

该案例揭示了人工智能在艺术领域的可能性：通过技术复现经典艺术家的创作风格，为人类提供新的艺术体验。然而，它也引发了有关创作原创性、道德规范以及技术边界的思考。未来，人工智能或许能够为艺术注入更多维度，但人类创造力与灵魂的不可替代性，始终是艺术世界的核心。

从更宏观的角度来看，计算机在自主生成艺术作品时，虽然能够模

① YUSA I，YU Y，SOVHYRA T. Reflections on the use of artificial intelligence in works of art［J］. Journal of Aesthetics，Design，and Art Management，2022，2（2）：152-167.

拟人类文化中的一些模式和风格，但这种方式仍然受到人类设定的框架限制。人类文化在历史发展过程中形成了一定的创作模式和风格系统，计算机在学习和生成作品时往往遵循这些既定模式。因此，如何引导计算机突破这些限制，创造出真正具有创新性和独特性的艺术作品，是人工智能艺术未来发展面临的重要挑战。在追求计算机艺术自主性的同时，如何平衡算法与人的作用，使两者相互促进、共同推动人工智能艺术的发展，是一个需要深入思考和探索的问题。①

从人类艺术家的视角来看，人工智能的介入并不是对创作过程的简单替代，而是促使我们重新思考创作的本质，探索人类如何与技术协作，激发创新的无限可能。人类在数据策划、风格选择和创作优化中的深度参与，使得人工智能艺术的创作不仅依赖技术，更深受文化、哲学和社会背景的影响。在这一过程中，艺术家如何调整人工智能生成的作品，以符合其创作意图、情感表达和审美价值，依然是创作不可或缺的核心。

延伸阅读

1. 孙婧. 算法赋能：人工智能艺术创作力的“生成图谱”及意义［J］. 当代美术家，2023（3）：72-78.

2. 丁磊. 生成式人工智能：AIGC的逻辑与应用［M］. 北京：中信出版集团，2023.

思考题

1. 在人工智能生成的艺术作品中，人类是否不可或缺？

2. 人工智能艺术是否能够突破传统艺术的边界并创造新的艺术形式？

① MANOVICH L.（2019）. Defining AI arts：three proposals. In AI and dialog of cultures，（exhibition catalog）. Hermitage Museum.

第四章　人工智能艺术的文化生产及其特点

在艺术与科技的交汇点上，人工智能正以其独特的魅力，重塑着我们对艺术的认知与体验。随着机器学习、深度学习等技术的飞速发展，人工智能艺术作为一种新兴的艺术形态，正逐步从理论探讨走向实践应用，成为当代艺术领域的一股不可忽视的力量。

本章将主要概述人工智能艺术的三种主要类型：生成式艺术、辅助式艺术、交互式艺术。每一种类型都蕴含着特定的技术原理与创作逻辑，它们共同构成了人工智能艺术的丰富生态。

同时，我们将深入探讨人工智能艺术的技术特点和艺术特点。这些特点不仅挑战了传统艺术的定义与评价体系，也为艺术创作提供了新的视角与可能。

学习目标

1. 了解生成式媒体在预测和创造等方面的特点。

2. 探讨人工智能文化生产中的美学。

3. 认识生成式、辅助式、交互式等类型的人工智能艺术。

4. 理解人工智能艺术的技术特点和艺术特征。

一、人工智能与生成式媒体

“生成”已经成为人工智能艺术最重要的特点，并在过去半个世纪的历史中逐渐酝酿一场真正的媒体革命。20世纪80年代以来，人们使用计算机工具进行艺术和设计已经见证了几次重大的媒体革命，包括Mac电脑和用于媒体创作与编辑的桌面应用程序的引入、逼真3D计算机图形与动画的发展、1993年后的网络兴起以及2006年后的社交媒体的兴起。新的人工智能“生成式媒体”革命似乎与它们同样重要。事实上，“生成式媒体”革命的重要性可能堪比19世纪的摄影发明或16世纪西方艺术中线性透视法的采用。

生成式媒体革命已经发展了20多年。1999年至2001年，首批人工智能论文提出，可以使用庞大的非结构化网络文本、图像和其他文化制品宇宙来训练计算机执行各种任务。2015年，谷歌的“深度梦境”和“风格迁移”方法吸引了大量关注：计算机突然能够创造出模仿许多著名艺术家风格的新艺术作品。2021年1月发布的DALL·E是另一个里程碑：计算机可以根据文本描述合成图像。Midjourney、Stable Diffusion和DALL·E 2都在2022年加速了这一演变。现在，合成图像可以拥有从逼真到任何物理或数字媒体的美学，包括马赛克、油画、街头摄影或3D计算机图形渲染。2022年8月，用于生成此类图像的代码（在人工智能领域被称为“模型”）被公开，引发了一系列实验并加速了发展。如今的生成式媒体大多数都集中在视觉媒体上——比如大家最常使用的Midjourney、Stable Diffusion（有时还有Runway ML）等流行的人工智能图像工具。

生成式媒体指的是使用深度神经网络创建新的媒体对象（如图像、动画、视频、文本、音乐、3D模型和场景以及其他类型的媒体）的过程。神经网络还被用于生成特定的元素和内容类型，除了这些对象，还包括逼真的人脸、人体姿势和运动等。

这些网络是在庞大的现有媒体对象集合上进行训练的。用于媒体生成的流行人工神经网络类型包括扩散模型、文本到图像模型、生成对抗网络和转换器。对于使用神经网络生成静止图像和运动图像，术语“图像生成”、“合成图像”、“AI图像”和“AI视觉”可互换使用。

“生成”一词存在不同的使用方式，它既指使用任何算法过程（并非局限于神经网络），也涵盖那些不使用计算机的，单纯基于规则过程来制作文化产品的情况。这就是“生成式艺术”和“生成式设计”等短语在当今文化话语和流行媒体中通常的用法。

历史上，人类通过多种方法创造出现实或想象中的场景图像，从手绘到三维计算机图形。随着人工智能生成媒体的出现，一种全新的方法应运而生。计算机利用现有各种媒体中的大型数据集来预测新的图像（包括静态图像和动画）。

当然，人们可以提出不同的历史路径来解释当今视觉生成媒体的发展，或者将历史时间线划分为不同的阶段。以下是其中一种可能的发展轨迹：

- 手动创作图像（例如，使用各种工具绘画、雕刻等）。有时，一些更机械化的阶段和部分会由通常在老师的工作室接受训练的人类助手来完成，因此，一定程度的功能委托已经存在。
- 手动创作，使用辅助设备（例如，透视图仪、明箱）。从纯手工到手工+设备。现在，一些功能被委托给机械设备和光学设备。
- 摄影、X射线、视频、体积捕捉、遥感、摄影测量。从手工到使用机器记录信息。从人类助手到机器助手。
- 三维计算机图形。在计算机中定义一个3D模型，并使用算法来模拟光源、阴影、雾、透明度、半透明、自然纹理、景深、运动模糊等效果。

从记录到模拟。

• 生成式人工智能。使用媒体数据集来预测静态和动态图像。从模拟到预测。

“预测”是人工智能研究人员在描述视觉生成媒体方法的出版物中经常使用的术语。因此，这个术语虽然在一定程度上可以用作比喻从而引发联想，但当我们使用图像生成工具时，它所描述的其实也是在科学层面实际发生的情况。当使用文本到图像的人工智能模型时，神经网络会尝试预测与文本输入最匹配的图像。这里并不是说使用所有其他已被接受的术语（如“生成媒体”）是不恰当的。但是，如果我们想更好地理解人工智能视觉媒体合成方法与人类历史上开发的其他表现方法之间的差异，那么采用“预测”的概念，并将这些人工智能系统称为“预测媒体”，就能很好地体现这种差异。

很多人认为人工智能难以企及人类独一无二的艺术创造力。然而，语言翻译、在国际象棋和围棋中获胜、材料总结等众多人工智能取得的成就都令人瞩目。但是，一台能够生成不存在的人物和物体的艺术精致照片，以及完美复制任何媒介效果和数千位著名艺术家风格图像的计算机呢？或者通过结合现有风格和艺术语言来创造无限数量的美学变体呢？所有这些在五年前似乎都是难以想象的。然而，近年来，人工智能研究人员赋予了机器这些原本被认为是人类独有的创造和想象能力。如果你是数百万使用Midjourney、MusicML或GPT等应用程序的人之一，你可能已经对新发现的人工智能创造力感到既受启发又焦虑，既兴奋又困惑。

关于“人类创造力”及其运作机制，我们如今已了解得相当深入，相比之下，对“人工智能创造力”的认识则要浅显得多。自20世纪50年代以来，哲学、心理学、认知科学等领域已建立起多种关于创造力的替代理论，并对多种类型的创造力进行了描述。随着时间的推移，我们很可能会对人工智能创造力进行同样的探索，但目前尚未达到那个阶段。

在历经对源自网络的数万亿个文本页面以及数十亿张艺术和摄影图片的训练后，神经网络能够生成与高水平专业作家、艺术家、摄影师或插画师相媲美的新颖文本和视觉作品。这些人工智能系统网络的能力分布在数十亿个人工神经元之间的万亿个连接上，而非由标准算法决定。换句话说，我们开发了一项在复杂性方面与人类大脑极为相似的技术。我们尚未完全掌握人工智能技术的工作原理，就像我们尚未完全理解人类的智力和创造力一样。

当前一代的生成式人工智能系统，如GPT和Stable Diffusion，已经接受了由数十亿甚至万亿个单独文本或图像与文本对组成的大型且多样化的数据集的训练。然而，将训练数据集限制在人类文化历史更广阔空间内的特定领域，或特定历史时期特定艺术家的一组作品上也同样有趣。阿尔纳多的《无人监督》就是一个体现这些可能性的人工智能艺术项目。

列夫·佩雷尔科夫的《人工实验1–10》尝试从现有的图像数据库中生成新的图像。他只选择了40幅具有关键共性的艺术家的画作，这些艺术家生活在同样的视觉文化中，在这个社会中以两种颜色为主：灰色（代表城市生活的单调）和红色（某种特定的宣传意义）。

此外，佩雷尔科夫选择的画作还有另一个共同点："我通常选择那些在某种程度上与画布——或画布上的空间——在概念上相关的画作。我从卡巴科夫那里得到了《新手风琴》这幅画，其特点是画布上有纸质贴饰。"佩雷尔科夫还为用于微调Stable Diffusion模型的每幅画制作了定制的文字描述。为了教模型理解所选艺术家的特定视觉语言，他在这些描述中添加了诸如"粗笔触"、"红色灯光"、"蓝色背景"和"平面圆圈"等术语。[①]

① Artificial aesthetics：generative AI，art，and visual media［EB/OL］.（2024-10-03）［2024-11-05］. https://manovich.net/index.php/projects/artificial-aesthetics.

显然，这些步骤中的每一步都代表了一个概念性和审美性的决定。也就是说，《人工实验1–10》成功的关键是创建了这样一个数据库。这项工作展示了如何对数十亿对图像和文本进行训练的现有神经网络进行微调，以使该网络遵循艺术家的想法；可以克服和最小化如此庞大的网络的偏见和噪声，而不必让它们主导我们的想象力。

二、人工智能艺术的文化生产

1842年，洛夫莱斯设想，在未来的某一天，巴贝奇的分析机（通用可编程计算机）将能够创作出复杂的音乐作品。在俄罗斯著名作家维克多·佩列文创作的一部设定在21世纪末的小说中，叙述者是一个解决犯罪并撰写相关小说的算法。如今，我们存在于这两种文化和人工智能愿景之间的某个位置。算法经常被用于创作音乐，但它们并不能真正“理解”人类世界和人类意义。后者是否会发生，目前尚不清楚。

人工智能的初衷是实现认知的自动化。如今，人工智能在文化中也扮演着至关重要的角色，日益影响着我们的选择、行为和想象力。例如，它被用于推荐照片、视频、音乐和其他媒体。人工智能还被用于建议我们在社交网络上应该关注谁，自动美化自拍并编辑用户照片以符合“好”照片的规范，以及在计算机游戏中生成和控制角色。

自20世纪60年代以来，艺术家们就开始在艺术创作中使用算法，而今天，工业规模的“文化AI”被内置在数十亿人使用的设备和服务中。人工智能不再只是单个艺术想象力的工具，而是一种影响数十亿人想象力的机制。收集和汇总的大量关于大众文化行为的数据被用于构建我们的“审美自我”模型，预测我们未来的审美决策和喜好——并可能引导我们做出大多数人偏好的选择。人工智能融入数十亿人的日常文化生活，引发了关于文化、美学和品位的未来的重要问题。

1. AI与文化生产："人工智能"的含义

20世纪50年代至60年代人工智能的初衷，是教会计算机执行一系列认知任务。在这一愿景中，计算机会模拟单个人类大脑的许多操作。60年后，人工智能成为现代经济的关键工具，通过自动分析医学图像、做消费贷款决策、筛选工作申请、检测欺诈等，使经济更加高效、安全和可预测。人工智能也被视为我们日常生活的增强器，为我们节省时间和精力。一个很好的例子是使用语音界面而不是打字。

而今天，"人工智能"究竟是什么？除了下棋、识别照片中的物体或语言翻译等定义人工智能的原始任务，计算机如今还执行着无数的"智能"操作。例如，你的手机键盘会逐渐适应你的打字风格。你的手机还可能监控你使用应用程序的情况，并在后台调整它们的工作以节省电池电量。你的地图应用程序会自动计算最快的路线，还会考虑到交通状况。在手机、电脑、网络服务器和IT领域的其他部分，有成千上万种智能但不太引人注目的操作在工作。

因此，从某种意义上说，人工智能现在无处不在，但还有许多其他人工智能功能在数字社会的灰色日常中运作。为什么计算机能够完成的一些智能任务被视为"真正"的人工智能，而其他任务却不是呢？人工智能领域的观察者和历史学家谈到了"AI效应"。这意味着"当我们知道机器是如何做某件'智能'的事情时，它就不再被认为是智能的了"。

也就是说，在人工智能领域解决了一个问题并且该解决方案在工业中得到实施后，它就不再被视为该领域的一部分。矛盾的是，我们往往只看到具有挑战性和尚未解决的问题才属于人工智能——这给人一种印象，即在整个漫长的历史中，人工智能研究并不成功。

计算机能力的急剧增强、数字设备和网络的普及，以及21世纪初"大数据"趋势带来的挑战和机遇，也对人工智能产生了影响。我们从单个大脑的自动化转向了一种"超级认知"。例如，想想百度、Yandex、Bing和谷歌等搜索引擎，它们不断扫描网络并为数十亿个网站和博客建立索引。当你输入一个搜索查询时，搜索引擎会立即从这样的索引中返回相关的结果。没有任何一个人能够完成这样的壮举。数字文化的规模要求一种在性质上类似于人类但在数量上与规模不同的智能。

2. 人工智能美学

人工智能的初衷是实现认知的自动化——尽管规模有所不同，但超级认知仍然遵循这一范式。因此，当人们谈论近年来人工智能取得的巨大成功时，所举的例子都是几十年前该领域初创时就已确定的任务：自然语言理解、自动翻译以及照片中物体的识别。但可能不那么明显的是，人工智能现在在我们的文化生活和行为中也扮演着同样重要的角色，日益自动化美学创作和美学选择的过程。

以人工智能在单一文化领域——数字摄影中的应用为例进行考虑。我们将这些应用分为两类：从大量（通常是海量的）图片集合中选择合适的图片，以及协助创建/编辑新的内容。人工智能既可以辅助人类进行选择，也可以用于完全自动的选择。

从现有内容中选择：

• 图片分享服务和市场利用人工智能预测图片内容，并为它们分配关键词。

• Instagram的“探索”页面根据多种因素（不仅基于用户过去喜欢的内容）向每个用户推荐图片和视频。

• Yelp自动选择最佳照片来展示其列出的众多企业。

• EyeEm的Roll应用自动评估用户照片的美学质量，而EyeEm图片市场则会基于评估结果为提交的照片赋予相应的评分。

创建/编辑新内容：

• 照片应用可以根据“好照片”的标准自动修改拍摄的照片。

• 其他应用可以“美化”自拍和肖像照。腾讯在这一领域的众多功能展示了可能的自动化调整范围：磨皮、美白、放大眼睛、瘦脸、祛痘、加双眼皮、换肤色、识别脸色，打粉底、涂唇彩、修眉毛以及其他化妆效果。

• Photoshop 9.1在其“选择主体”功能中使用人工智能从背景中自动选择对象。

• 手机摄像头分析场景的3D布局，并在肖像照和自拍中模糊背景。

在撰写本书时，人工智能在摄影中的其他应用还处于实验阶段或刚刚出现，尚未在产品中实现。例如，EyeEm的工程师描述了一项实验，他们的系统仅从每位策展人的20张样本照片中学习不同的策展风格，然后从EyeEm的大量图片集合中选择类似的图片，以便策展人可以进行进一步的选择。谷歌设计了一个系统，可以模仿专业摄影师的技能，如选择适合编辑、裁剪和应用滤镜的照片。要跟踪人工智能理解照片各个方面的新方法在商业实施方面的进展，可以定期访问该领域领导者之一Clarifai公司的网站。

除了摄影，人工智能在文化方面的应用还包括豆包、iTunes和其他音乐服务中的音乐推荐、自动编辑用户原始视频以创建各种风格的短片的应用，以及新时尚单品和风格的设计。随着人工智能在文化中的采用持续增长，人工智能的概念也在发生变化，很难提出一个确切的分类法对它进行描述。基于我之前用于组织摄影中人工智能应用示例的两个类别，以下列举一种可能的文化人工智能分类法：

• 从更大的集合中选择内容：搜索、发现、策划、推荐和过滤。

• 定位内容（例如，一对一营销、行为定向和市场细分）。

• 协助创建/编辑新内容。（如果我们要从生物学的角度认为人工智能是智能的，我们可以称之为参与内容创作。）

• 完全自主创作。（例如，人工智能可以以特定风格创作音乐曲目、撰写商业和体育新闻文章，根据给定的数据集创建可视化效果、设计网站、生成电子邮件回复等。）

3. 人工智能与美学多样性

从上面的例子中，我们可以看到的一个重要趋势是美学决策的逐渐自动化（半自动或全自动）——推荐引擎建议我们应该观看、收听、阅读、写作或穿着什么；设备和服务自动调整捕获媒体的美学以符合某些标准；软件评估我们照片的美学质量等。这一发展引发了关于文化未来的重大问题。这种自动化是否会随着时间推移而导致美学多样性减少？这是不可避免的吗？还是说有其他力量可以抵消这一趋势，让多样性增加？

为了阐述这对图像文化意味着什么，我们可以将问题重新表述为以下形式：移动相机和照片分享服务对用户照片进行的自动增强和编辑是否会使它们在美学上变得不那么多样化？在用户摄影设备和图片分享网站上进一步集成人工智能是否会导致“照片想象力”的标准化？搜索和推荐引擎或像Instagram的“探索”之类的功能是否倾向于向大众展示相同的图片（或具有某些内容的不同图片变体，或者可能只是具有某种“专业”美感的图片），从而减少了我们所见内容的多样性？

但数字服务、应用程序和产品的人工智能、算法和用户界面也可能正在增加美学多样性。例如，数码相机和照片应用程序具有许多自定义功能。我们可以通过单反相机选择快门速度、光圈、ISO、高光和阴影色调的期望水平、颜色密度、锐化、颗粒、动态范围、降噪以及胶片模拟滤镜。许多免费照片编辑应用程序（如Snapseed）被用于为Instagram准备照片，且它们拥有大量可与专业桌面软件（如Photoshop和Lightroom）相媲美的编辑工具。随着时间的推移，手机相机和照片编辑应用程序已经增加了越来越多的控制功能，而且其中许多现在都是免费的。因此，尽管人工智能逐渐融入手机相机和分享网站可能会导致美学多样性减少，但相机和照片应用程序同时增加越来越多的控制功能可能会产生相反的效果。

或者考虑推荐引擎。它们可以通过编程设置，推荐其他用户最受欢迎的项目，从而减少你看到不同项目的可能性。或者，也可以通过编程设计向用户展示更多不同的项目，包括那些他们极难自主找到的内容。一个人每天可能会使用多种不同的媒体引擎，各个引擎的编程逻辑可能各不相同，因此不能一概而论地认定所有引擎合在一起会推动用户朝任何一个特定方向发展。而且因为各类用于商业领域的推荐引擎都会依据不同的输入信息来给出建议，因此它向用户推荐的内容既可能是用原本就能接触到的流行的东西，也可能用户难以发现的东西。在2010年的一项定量研究中，研究人员着手“研究YouTube推荐系统对视频观看多样性的影响，以了解推荐系统是否有助于用户发现感兴趣但不一定流行的视频，还是更有可能只推荐流行的视频”。他们的结论是：当前的推荐系统有助于增加聚合视频观看的多样性——但随着时间的推移和YouTube算法的变化，情况可能会有所不同。①

当然，除了计算技术，还有许多其他趋势也在影响当代文化的美学多样性。万维网和社交网络的兴起、国际旅游的增长、消费经济和广告的全球化、零成本的电信服务的出现、外国留学生人数的增加、远程工作模式的普及以及日本、韩国和中国等国家作为文化产品和图像出口国的崛起，这些只是众多发展中的一些例子，它们都在共同发挥作用。一方面，它们正在将世界变成一个单一的全球村落——或者如果你愿意的话，变成一个单一的文化市场，在那里，某些图像、想法、价值观、叙事、产品和风格被推销给每个人，并在任何地方都可以获得，这可能会降低多样性。另一方面，同样的趋势也可能增加多样性，因为全球都可以获得当地的文化DNA。

① MANOVICH L. AI Aesthetic［M］. Moscow：Strelka Press，2018.

鉴于许多发展都在影响全球美学多样性，文化人工智能所起的作用可能还不是最重要的——但出于至少两个原因，它未来可能会变得越来越重要。首先，数十亿此前尚未接入互联网和智能手机的人将获得这些接入，并开始使用各类的基于人工智能的推荐引擎、捕获媒体的自动美学编辑、自拍美化应用程序等。其次，迄今为止我们所看到的美学决策的自动化仍处于初级阶段，未来还会有更多的发展。例如，现在人们自己拍照，相机在拍摄时进行一些美学调整，然后人们可以使用编辑软件进行进一步的调整。但很容易想象一个未来的场景：相机将自行选择拍摄什么内容以及何时拍摄，以给我们提供最符合某些概念和美学理想的最令人满意的照片。事实上，2018年1月发布的Google Clips摄像机就已经做到了这一点。这款摄像机完全基于人工智能，它使用计算机视觉来识别人和宠物以及某些情感表达，并经过专业摄影师的培训，以适当的构图、有趣的动作等制作"好"的视频。

4.衡量多样性

那么，我们如何知道当代文化中的美学多样性——甚至仅在一个领域（如摄影）中——是在增加还是在减少呢？也许我们可以使用人工智能本身来更精确地回答这些问题，而不是猜测或仅仅依靠我们往往错误的直觉？

自2000—2009年以来，数十万名计算机和社会科学家一直在对当代数字文化的海量样本进行定量分析，包括Facebook（脸书）、Twitter（推特）、Instagram（照片墙）、Flickr（雅虎相册）、Pinterest（拼趣），以及其他社交网络和诸如Yelp之类的推荐网站、Behance之类的创意网络等上面数十亿条帖子和用户互动。他们开发了许多定量指标来描述（或试图描述）文化的某一些方面，如社交网络中的分享结构或用户创建图像的独特性和原创性。如果我们在这个范式下思考，也可以提出美学多样性的指标，并将其应用于某些文化领域和媒体类型。由于我们通常可以访问过去在网上共享的用户内容，因此我们还可以计算某些文化领域的多样性将如何随着时间变化而变化。

这要求我们为不同媒介和文化领域（从时尚和室内设计到电影和音乐）开发审美多样性的正式衡量标准。这本身就非常有用，因为它能让我们以新的方式看待当代文化。尽管这样的正式定义在很多情况下永远无法完全解释我们的审美体验，但它们仍然可以通过为全球数字文化思考提供新的想法来帮助我们。

当然，我们需要区分不同类型的多样性。一种是内容的多样性，即在特定文化领域内创造的作品。例如，在摄影领域，这种多样性包括照片的主题、技术和风格类型。另一种是用户选择的多样性，类似之前引用的YouTube研究中的分析方式。例如，世界各地的当代时装设计师可能会创作出风格、轮廓、形式、体积、材料、质地和色彩都非常多样的作品，但全球各地的人们购买和穿着的服装多样性可能会小得多。或者可以说，由于如今很多人会在自己的着装中混搭不同的单品，创造出设计师和零售商没有提供的独特造型，所以多样性可能会远超预期。其他类型的多样性也可以根据实际情况被合理定义。

衡量全球当代文化中的审美多样性这一观点让我们能够做出其他有趣的区分。一个是全球多样性和地方多样性之间的区分。如果我们在全球范围内衡量足够多的作品，与全球范围内可供选择的丰富程度相比，许多地方的文化可能看起来非常同质化。但是，如果我们聚焦于这些地方，那么原本看起来像小山丘的东西现在看来就像大山一样——也就是说，如果我们只关注这些地方本身，就会发现它们其实相当多样。

与这一区分相关的是另一个区分——客观测量和主观测量（我们也可以称之为分析师视角与用户视角）。到目前为止，我们假设我们的测量是从一个抽象、全知的角度进行的。所有作品或用户选择都被放在一个单一的尺度上，并从外部进行观察和测量。当我们在测量地球生物的多样性时，这种基于物种数量统计的视角在生物学中是标准的。例如，计算给定栖息地或整个地球上不同物种的数量，以此作为衡量生物多样性的重要指标。但在文化方面，我们可能还需要考虑栖息地内部成员是如何感知物品之间的多样性和差异的。从这个角度来看，是当地传统和惯例决定了某些物品或选择是否被视为激进，而不仅仅是它们的客观特征。我们以时尚为例，在许多城市，人们通常喜欢穿着多种颜色的衣服，这并不会被视为激进。但在像首尔这样的城市，人们的着装以灰色、白色和黑色为主，那么出现色彩非常饱和的服装，尤其是多种颜色搭配在一起时，就会引起人们的注意，并被视为不合常规。

5. 自动化的局限性

人工智能是否会取代专业的文化创作者——媒体、工业、时尚设计师、摄影师和电影摄影师、建筑师、城市规划师等？全球各地是否会竞相比赛，看谁能更快更好地实现其创意产业的自动化？那些找出如何最好地将人工智能与人类技能和才能相结合的国家和城市（或独立公司）是否会领先于其他国家和城市？

如今，人工智能为我们提供了自动化审美选择（通过推荐引擎）的选项，协助了某些审美生产领域，如消费摄影，并自动化了其他文化体验（例如，自动选择我们在网上看到的广告）。但在未来，它将在专业文化生产中发挥更大的作用。人工智能在帮助设计时尚单品、标志、音乐、电视广告和其他文化领域作品方面的应用已经在不断增长。但目前，人类专家通常会根据人工智能生成的想法和媒介做出最终决定或进行实际制作。

以广为人知的美剧《权力的游戏》为例，尽管计算机可能参与了情节想法的生成，但实际的写作和剧集的开发仍由人类完成。这表明，只有在人工智能被允许从头到尾创建最终设计和媒介的情况下，我们才能谈论完全由人工智能驱动的文化。在未来，人类将不会决定这些产品是否应该展示给观众，而是会信任人工智能，认为它最了解。就像现在人们在一定程度上已经信任人工智能来选择何时何地展示特定广告，以及确定谁应该看到这些广告一样。

我们还没有到达那个阶段。例如，2016年，IBM Watson为电影《摩根》（*Mix*）创作了第一部由人工智能制作的电影预告片。然而，人工智能只是从完成的电影中选择了它“认为”适合包含在预告片中的各种镜头，而最终的选择和编辑是由人类编辑完成的。在另一个例子中，为了创建一个系统，该系统可以自动为用户收到的电子邮件提供合适的回答建议，谷歌员工首先手动创建了一个包含所有此类回答的数据集。人工智能会选择在每个可能的情况下建议哪些回答，但它不会生成这些回答。谷歌纽约人工智能部门的负责人解释说，在这样的场景中，即使犯了一个小小的错误，也可能给公司带来负面报道，因此谷歌不会冒险让人工智能生成建议性回答或短语。

从逻辑上讲，任何遵循明确规则或有系统模式的文化生产领域在原则上都可以自动化。因此，许多商业文化领域，如电视连续剧、浪漫小说、专业摄影、音乐视频、新闻报道、网站和图形设计以及住宅建筑，都适合自动化。例如，我们可以教计算机编写电视连续剧剧本、拍摄视频照片或撰写多种题材的新闻报道。因此，与其问这样的领域是否有一天会被自动化，我们不如假设这种情况会发生，并只问“何时”。

这听起来合乎逻辑，但现实并非如此简单。自20世纪60年代起，艺术家、作曲家和建筑师就开始利用算法来生成图像、动画、音乐和3D设计，其中一些作品已成为文化经典。它们展现了非凡的审美创造力和精致度。然而，在大多数情况下，这些作品是带有有趣且复杂图案的抽象构图，但没有直接反映人类世界。想想曼弗雷德·莫尔的抽象几何图像、约翰·惠特尼的计算机动画《阿拉伯风格曲》（1975），伊阿尼斯·泽纳基斯的音乐作品《阿特里斯》和《莫西马-阿莫西马》（1962）等经典作品。这些算法生成的作品中没有具象表现，没有像小说中那样的人物，也没有像故事片那样将现实世界的镜头剪辑成叙事。

现在，将这些抽象的算法经典与当前做法自动合成关于人类、他们的世界、兴趣、情感和意义的作品的尝试进行比较。例如，Google照片和Facebook会为用户提供由其照片自动创建的幻灯片放映和视频。这些结果有时很有趣，有时也很有用，但它们还不能与专业制作的媒体相提并论。同样的情况也适用于谷歌工程师使用DeepDream神经网络生成的图像，以及后来其他人使用同一技术生成的图像。这些人工智能创作比自动生成的用户照片幻灯片更成功，但这并不是因为DeepDream是更好的人工智能。原因是，20世纪的视觉艺术风格容忍更多的随机性和较少的精确性，而关于旅行的照片叙事则有明确的惯例和限制，规定了可以包含哪些内容以及何时包含。因此，就DeepDream而言，人工智能能创作出艺术上合理且确实与人类世界有关的图像。我们之所以将DeepDream生成的图像视为“现代艺术”，是因为现代艺术本就被大众期待具有丰富的变化性，而这些图像恰好契合了这一特征。但在自动编辑的幻灯片的情况下，我们很快就知道计算机并不真正理解它正在选择和编辑的内容。

三、人工智能艺术的类型

人工智能艺术，作为艺术与科技融合的产物，近年来发展迅速，为艺术创作开辟了全新的维度。它利用机器学习、深度学习、神经网络等人工智能技术，使计算机能够生成 、修改或解读艺术作品。根据人工智能介入艺术创作的不同方式，现阶段人工智能艺术主要分为以下几种类型：生成式艺术、辅助式艺术和交互式艺术。

（一）生成式艺术

1. 定义

人工智能生成式艺术是指人工智能通过算法自主生成全新艺术作品的一种艺术形式。这种艺术形式打破了传统艺术创作中人类作为唯一创作主体的局限，使艺术创作过程更加多元化和创新化。

人工智能生成式艺术从属于生成式艺术。生成式艺术指全部或部分使用自主系统进行创作的艺术，这种自治系统通常是非人类系统，系统可以独立决定艺术特征，有别于艺术家直接做出决定。生成式艺术的历史可追溯至20世纪50年代至60年代，这种艺术形式的核心在于使用预定义的算法或规则来驱动艺术的创作过程。达达主义艺术家马塞尔·杜尚（Marcel Duchamp）、让·阿尔普（Jean Arp）等人也将随机作为创作动因；新造型主义、至上主义以及欧普艺术等反具象美学，将算法和几何形式用于艺术创作实践中。特别是小野洋子（Yoko Ono）的指令艺术和索尔·莱维特（Sol LeWitt）的概念艺术，更是将艺术家对规则的制定和具体艺术执行分割开来，为早期生成艺术创作勾勒出雏形。随着计算机技术的发展，生成式艺术在数字艺术领域获得了更广泛的应用。艺术家哈罗德·科恩（Harold Cohen）和曼弗雷德·莫尔（Manfred Mohr）是将计算机技术运用于生成式艺术领域的早期探索者，他们分别用自己的计算机程序AARON和计算机辅助绘图技术进行艺术创作。而随着数字技术的高速发展，人工智能生成式艺术已经成为生成艺术的重要子集。

人类面容人工智能生成式艺术可以通过数据和算法进行艺术创作，它和其他的生成式艺术一样，把重点放在创作的过程上，其结果往往是出人意料的，反映了一种系统性和偶然性的融合。观念艺术则进一步解放了规则和指令，使其从物质实体中解脱出来，变成一种观念和体验，鼓励观众自己参与和解读。这些运动共同体现了艺术家如何利用规则来引导、限制或放大创造力，同时也揭示了规则与自由、预测与不确定性之间的复杂关系。人工智能技术生成式艺术作品进一步拓展了人类创造力的界限，改变了艺术创作方式、过程与结果。

2. 类型及特点

人工智能生成式艺术可依据模型的驱动形式划分为三种类型：基于RNN的文本驱动型、基于GANs的图像驱动型和复合驱动型。

（1）基于RNN的文本驱动型生成式艺术

基于RNN的文本驱动型生成式人工智能主要依据输入的文本提示或上下文来生成新的文本内容。这种类型的人工智能技术已经广泛应用于多个领域，如文章撰写、故事创作、诗歌生成等。常见的工具包括Open人工智能的GPT系列等。这些模型通过深度学习算法和神经网络模型，从大量文本数据中学习语言的特征和规律，并能够根据输入的提示自动生成符合语法和语义的新文本。

RNN是一种特殊的神经网络结构，它可以处理序列数据，通过递归更新隐藏状态来捕捉序列中的长期依赖关系。RNN的核心组件包括输入层、隐藏层和输出层。输入层接收序列中的特征，隐藏层通过递归更新隐藏状态，输出层则基于当前隐藏状态计算该时间步的输出结果。

文本生成任务的目标是根据给定的输入文本生成连续的自然语言文本。这种任务可以分为条件生成和无条件生成两类。条件生成需要输入一个上下文，生成的文本基于这个上下文；无条件生成则不需要输入上下文，生成的文本可能是随机的或者基于某个特定的主题。在RNN中，文本生成是通过在训练过程中学习输入数据的分布和模式来实现的。一旦模型训练完成，它就可以根据给定的输入或上下文生成新的文本。

基于RNN的文本驱动型生成式艺术具有序列性、记忆性、灵活性、多样性和生成多样性等特点。第一，序列性。RNN能够处理序列数据，这使得它在文本生成方面具有天然的优势。它可以根据输入的文本序列生成连续的、有逻辑的文本输出；第二，记忆性。RNN通过隐藏状态传递信息，使得模型能够记住之前的输入信息，并在生成新的文本时考虑这些信息。这种记忆性有助于模型生成与输入文本或上下文相关的、连贯的文本输出。第三，灵活性。RNN模型可以根据不同的任务和数据集进行微调，以适应不同的文本生成需求。例如，它可以用于生成新闻报道、对话、诗歌等多种类型的文本。第四，生成多样性。通过调整RNN模型的参数和训练数据，可以生成具有不同风格和特点的文本。这使得RNN在创意写作、广告文案等领域具有广泛的应用前景。

然而，基于RNN的文本生成也存在一些潜在的风险。例如，如果模型没有得到充分的训练或优化，可能会生成重复、无意义的文本。此外，模型还可能受到输入数据的噪声和偏差的影响，导致生成的文本与预期不符。

总体而言，文本驱动型生成式艺术的优势在于其能够处理和理解自然语言，生成与人类语言相似的文本内容。

（2）基于GANs的图像驱动型生成式艺术

基于GANs的图像驱动型生成式艺术主要依靠输入的图像或图像描述来生成新的图像内容。这种类型的人工智能技术已经取得了显著的进展，能够生成逼真、多样的图像，为艺术家、设计师等艺术创作人员提供了强大的工具。常见的模型包括DALL·E 2、DeepArt等。

图像驱动型生成式人工智能的技术原理主要包括基于生成对抗网络的模型、变分自编码器等。这些模型通过从大量图像数据中学习图像的特征和规律，根据输入的图像或描述生成新的图像。例如，DALL·E 2能够根据文本描述生成图像，实现图像和文本的跨模态生成。

GANs驱动的生成式人工智能是一种通过模拟真实数据生成虚拟数据的人工智能算法。GANs由生成器和判别器两个核心部分组成。生成器的任务是生成尽可能接近真实数据的新数据，而判别器的任务则是区分生成的数据与真实数据。这两个部分通过相互竞争和对抗的方式不断优化，从而提高生成数据的质量和真实性，不断优化生成图像的质量。具体来说，生成器会随机地变换输入数据以生成新的数据，而判别器则判断这些数据是否有效或真实。通过多次迭代训练，生成器可以逐渐学习到真实数据的分布，从而生成更加逼真的数据。所以，GANs生成的图像具有高度的真实感和多样性，为艺术创作提供了新的可能性。

基于GANs的生成式艺术具有高度逼真、独特性、多样化等特点，这些特点使得GANs在艺术创作领域展现出巨大的潜力和价值。第一，高度逼真。GANs通过生成器和判别器的对抗性训练，能够生成具有高度逼真度的艺术作品。这些作品在视觉上往往难以与真实作品区分开来，达到了令人惊叹的逼真效果。第二，独特性。GANs在生成艺术作品时，能够展现出独特的风格和创意。它不仅能够模仿现有的艺术风格，还能够创造出前所未有的新风格，为艺术创作带来更多的可能性和创新性。第三，多样化。GANs在图像生成和音乐生成上都有应用。在图像生成方面，GANs能够生成各种类型的图像，如风景画、人物肖像、抽象画等。这些图像不仅具有高度的艺术性，还能够根据用户的喜好和需求进行个性化定制。而在音乐创作上，通过训练，GANs能够生成具有独特风格和情感的音乐作品，如古典音乐、摇滚乐等。同时，这些音乐作品能够为电影配乐、广告等领域提供新的创作灵感。除了图像和音乐，GANs还能够应用于雕塑创作和虚拟现实领域。通过生成具有独特形态和造型的雕塑作品，以及创建逼真的虚拟环境和角色，GANs为艺术家和设计师提供了更多的创作工具和可能性。

基于这些特点，GANs能够从事个性化的艺术创作和艺术品的修复和复制等工作。如GANs能够根据用户的喜好和需求，生成个性化的艺术作品。用户可以根据自己的口味和风格，让计算机生成具有独特艺术风格的绘画、雕塑或音乐作品。又如GANs可以通过训练理解艺术品的风格和技法，预测并生成缺失部分的可能外观，为艺术品修复师提供一个参考或起点。GANs还能够用于复制名画，为公众提供接触稀有艺术品的机会，而不会对原作造成损害。这种技术在展览或教育中重现高价值的艺术品方面具有重要意义。

GANs技术的应用不仅挑战了传统的艺术创作方式，还开启了艺术和科技交叉融合的新篇章。它在艺术创作领域展现出巨大的潜力和价值，使得艺术创作更加智能化和创造性，为艺术家和设计师提供了更多的创作工具和灵感来源。

（3）复合驱动型生成式人工智能

复合驱动型生成式人工智能是结合了文本驱动型和图像驱动型两种技术的生成式人工智能。这种类型的人工智能技术能够同时处理和理解文本和图像数据，实现跨模态的生成和交互。复合驱动型生成式人工智能在多媒体内容生成、智能客服、虚拟助手等领域具有广泛的应用前景。

复合驱动型生成式人工智能的技术挑战在于如何有效地融合文本和图像两种不同模态的数据，并实现跨模态的生成和交互。为了解决这个问题，研究人员正在探索将深度学习、自然语言处理、计算机视觉等技术相结合的方法，以提高复合驱动型生成式人工智能的性能和应用效果。

生成式人工智能的三种类型——文本驱动型、图像驱动型和复合驱动型——在各自的应用领域都取得了显著的进展。随着技术的不断发展，这些类型的人工智能技术将在更多领域发挥重要作用，为人类带来更加便捷、高效和智能的服务。同时，我们也需要关注这些技术可能带来的伦理和安全问题，并制定相应的规范和标准来确保其健康发展。

2022年，杰森·艾伦在科罗拉多州举办的艺术博览会上提交了一件名为《太空歌剧院》的艺术作品，这是人工智能生成式艺术最著名的作品之一。负责评审允许提交作品的评委并不知道这是人工智能生成的，但在它获胜且其由人工智能生成一事广为人知后，所获奖项并没有被评委撤回（之前的规则中没有任何规定提及人工智能作品不能参赛）。真正的反对来自社交媒体和愤怒的艺术家，一些人要求艾伦归还他的奖项并公开道歉。艾伦回应称："人工智能是一种工具，就像画笔是一种工具，工具背后还需要一种创造力。"

《太空歌剧院》的获奖引发了关于人工智能作品是否构成艺术的广泛讨论。这一事件可能推动人工智能生成内容作为艺术的一种形式被接受，并帮助人类的思维发生转变。该作品也展示了生成式人工智能在艺术领域的巨大潜力，能够创作出具有独特风格和深刻内涵的艺术作品。

生成式人工智能艺术通常基于深度学习和生成对抗网络等技术。这些技术通过训练神经网络来生成新的、具有创新性的艺术作品。在《太空歌剧院》的创作过程中，艾伦正是使用了一种或多种生成式人工智能工具，这些工具能够分析和模仿各种艺术风格，并生成具有独特风格的艺术作品。

《太空歌剧院》作为生成式人工智能艺术的典型案例，不仅展示了人工智能在艺术创作方面的巨大潜力，还引发了关于艺术本质和人类创造力的深刻思考。

（二）辅助式艺术

1. 定义

辅助式艺术是指人工智能作为艺术家创作过程中的辅助工具，帮助艺术家完成创作任务或优化创作方案的一种艺术形式。在辅助式艺术中，也离不开对生成式人工智能的应用，但此时的人工智能并不占艺术创作的主导地位，而是作为辅助角色存在。

2. 作用

一般来说，辅助式人工智能在艺术创作中主要有以下几点作用：提供创作灵感、优化设计方案、提升创作效率。

第一，提供创作灵感。人工智能能够自动收集并分析大量数据，包括文本、图片、音频等多种格式，为创作提供丰富的素材和参考。同时，基于数据分析的结果，人工智能可以生成具有创新性的创意。这些创意可能来源于对现有作品的模仿、重组或创新，但都能为创作者提供新的思路和方向。在艺术创作领域，人工智能已经能够创作出具有独特风格的艺术作品，为艺术家提供新的灵感来源。此外，人工智能还能够根据创作者的需求和喜好，提供个性化的创意推荐。这种推荐不仅可以帮助创作者更快地找到符合自己风格的素材和灵感，还可以激发创作者的思维活力，推动创作的深入和发展。

第二，优化设计方案。人工智能能够辅助设计师完成部分设计工作，如自动生成设计方案、优化色彩搭配、实时建模与分析等。这些功能不仅提高了设计效率，还使得设计方案更加精准和符合客户需求。在方案完成后，辅助式人工智能还能够对设计方案进行智能评估，发现其中的问题和不足，并提供优化建议。这种评估和优化过程可以基于历史数据、客户反馈等多种信息，使得设计方案更加完善和可行。人工智能能够分析项目需求，自动调整设计风格，保障文创产品的一致性。这对于品牌塑造和用户体验至关重要，可以确保设计作品在不同场景下的连贯性和统一性。

第三，提升创作效率。人工智能能够快速生成内容草稿，大幅缩短创作时间。在新闻报道、广告文案、学术论文等领域，人工智能已经能够自动生成大量内容，为创作者节省了大量时间和精力。人工智能能够替代部分人工操作，如数据整理、格式调整等。这种替代不仅减少了人力成本，还使得创作者能够将更多精力投入到创意构思和方案优化中。人工智能还具有强大的可扩展性，可以根据需求快速生成大量文本或图像内容。这种可扩展性使得人工智能在应对大规模内容需求时具有显著优势，能够快速满足客户的创作需求。

辅助式艺术的引入使艺术家的创作流程更加高效和灵活。艺术家可以更加专注于创意和构思，而无须过多关注技术细节。同时，人工智能的辅助也促使艺术家不断学习和适应新的创作工具和方法。

人工智能辅助式艺术也是一个披沙拣金的过程。传统的创作过程是创作者就一部作品持之以恒地进行打磨，但在人工智能辅助下，创作者的艺术创意在很短时间内就产出批量内容，风格品质参差不齐，创作者需要从众多“产品”中选取一件进行精心调整。

目前，生成式人工智能的能力水平还不足以撼动人类创作者的主体地位，无论是基于机器学习的参数式内容生成，还是风格迁移的程序应用，它们在极短时间内批量化产出的语段、图像、音频、视频等，都尚未催生出获得公认的人工智能艺术家。但不可否认的是，辅助式人工智能艺术将在较长的时间内存在于艺术家们的创作过程，人与人工智能会各司其职，各尽所能，相互协作，相互成就，并且共同进化。然而，随着人工智能在技术的不断进步，辅助式人工智能艺术的创作主体不能只有人类，于是有学者提出了“双主体”的提法。越来越多的艺术家利用人工智能创作艺术也将成为一种必然的趋势。[①]这也对人类创作者提出了新的学习要求——要有意识地培养能与智能工具良好沟通的数字素养。

① 陈永东.人工智能艺术的应用类型及审美判断［J］.文化艺术研究，2023（3）：33-43，113.

人工智能广告视频《杰作》(*Masterpiece*)(见图4-1)是可口可乐的一次创新且引人入胜的营销活动，它巧妙地将人工智能技术与经典艺术作品相结合，展现了可口可乐品牌的独特魅力和创意。

图4-1　可口可乐的人工智能广告《杰作》

《杰作》的创意在于将一座虚构的美术馆作为背景，通过一系列经典艺术作品的“动起来”，串联起一个关于可乐瓶传递的故事。广告的主题不仅在于展示可口可乐产品，更在于传递品牌精神“Real Magic”——人因交流而创造无数精彩瞬间。通过艺术品的传球接力，广告隐含地表达了品牌通过交流激发无限可能的核心价值。

该广告混合使用了真人镜头、数字效果和人工智能动画等技术，将多幅世界名画中的元素“动”了起来，完成了可乐瓶的传递。从安迪·沃霍尔的《巨型可口可乐》开始，可乐瓶在威廉·透纳的《沉船浮标》、爱德华·蒙克的《呐喊》、梵·高的《梵·高在阿尔勒的卧室》等画作中穿梭，最终出现在维米尔的《戴珍珠耳环的少女》中。在这一过程中，可乐瓶随画作风格变化出不同外观，呈现了一场视觉盛宴。

该广告的视频的创作仍遵循“剧本编写——场景拍摄——后期制作”的基本流程。但人工智能技术的运用在后期制作上为广告的创意呈现提供了重要的辅助。人工智能技术能够自动分析艺术作品中的元素和风格，并生成与之相匹配的动态效果。在传统的真人拍摄的基础上，制作者通过人工智能工具生成人工智能动画，让一系列著名画作“活”了起来，再将拍摄好的素材与人工智能动画相结合，最后进行剪辑、调色、配音等后期制作工作，最终实现了可口可乐的创意传递，打造了富有视觉冲击力的效果。

广告中串联的多幅世界名画不仅代表了不同时代和地域的艺术风格，还传达了人类对于美的共同追求。通过将这些经典艺术作品与可口可乐品牌相结合，广告不仅提升了品牌的艺术品位，还让观众在欣赏广告的同时，感受到了艺术的魅力。

（三）交互式艺术

1. 定义

人工智能交互式艺术是指观众与人工智能艺术作品之间能够发生关联、对虚拟环境的体验与操作并得到相应的实时反馈的一种艺术形式。这种艺术形式利用体感、虚拟、声音、仿生、生物、远程控制等人工智能和生物智能技术手段，构建艺术交互系统，艺术家再通过放大艺术体验者的交互行为，与智能交互系统共同创造智能交互艺术作品。观众不仅可以通过桌面平台如电脑、鼠标等进行交互，也可借助头戴式硬件设备、控制手柄、眼镜和传感器等硬件设备进行交互。这样的交互式艺术营造出一个多感官体验的智能世界，观众与其的互动越发接近自然现实中生物本身的行为习惯。这使得观众可以通过触摸、声音、动作等方式更深入地体验人工智能艺术作品，从而获得更加丰富的审美体验。

2. 特点

人工智能交互式艺术具有互动性、参与感的特点，它允许观众直接参与艺术作品的创作和体验过程。在欣赏交互式艺术的过程中，观众不再是被动的欣赏者，而是成为艺术作品的一部分，这种参与感和互动性极大地丰富了观众的审美体验。人工智能交互式艺术通常利用虚拟现实（VR）、增强现实（AR）等技术，创造出沉浸式的艺术体验。观众可以置身于艺术家创造的虚拟空间中，与作品进行互动，体验作品的深层含义。

VR技术模仿自然物质环境条件，为交互式艺术提供了一个不同于现实世界的虚拟表现空间，在此空间中，用户能够获得超现实的视、听、触等多感官三维交互性的虚拟仿真世界体验。虚拟现实技术根据不同程度的沉浸体验演化出增强现实和混合现实（MR）技术，甚至已经呈现出扩展现实（XR）的发展趋势。在虚拟现实交互艺术中，虚拟环境通过丰富的智能传感技术捕捉和响应访客的肢体语言以及语音语义，为参与者提供沉浸于艺术作品中的机会。因此，访客可以利用身体及语言等自然认知行为来探索虚拟交互艺术。其次，在访客与虚拟环境系统发生互动时，其互动过程产生的艺术变化将再次刺激大脑的运动区域和感觉区域，从而增加访客的临场感，并与交互艺术作品建立良性的沉浸式交互体验。智能体感交互艺术使体验者摆脱可穿戴设备的束缚，直接通过身体、手势、表情和语音等自然行为就能完成与交互艺术作品间的互动。智能体感交互艺术结合智能算法技术以及其他智能反馈设备造就了智能体感交互艺术多通道、多维度和自然化等特征，是一种能够让人愉悦、轻松和舒适的艺术。体感智能交互艺术借助人类纯自然状态下的感知模式，综合应用多感官通道刺激访客感知系统，并通过即时的反馈机制引起访客注意力，促进访客主动投入艺术内容，催动访客与艺术作品之间的情绪产生从而引起艺术共鸣。

3. 案例

交互艺术创作团队玛雅·佩蒂奇（Maja Petiic）所创作的《我们都是由光构成的》（*We are All Made of Light*，见图4-2）于2018年10月在西雅图的BOREALIS灯光节上展出，吸引了众多艺术爱好者和科技迷的关注。这个作品创造了一个沉浸式的星空景观，并利用人工智能技术、交互式灯光记录每一位访客视听轨迹的交互艺术装置。当观众来到这个作品中，就仿佛置身于一个由光与声音构成的奇妙世界，能够深刻感受到自己与世界之间无形的联系。

在这个交互艺术空间中，访客的踪迹以光影形式被储存并展示，即使访客离开空间他们的痕迹依然保留在展览中，并与其他人留下的光影轨迹汇集，这些光影数据随着展览的进行而越来越多。这些素不相识的访客以光数据的方式被连接起来，让人不禁感慨个体与世界之间的联系，而这些联系往往就在我们身边，只是稍纵即逝。智能数据捕捉将我们转瞬即逝的生活数据保存下来，艺术美学将抽象数据物化呈现给我们从而产生永恒的人类艺术表达。

图4-2　人工智能交互式艺术作品《我们都是由光构成的》

这种多样化的表现形式打破了传统艺术的界限，为观众带来了全新的审美视角和体验。

人工智能交互式艺术将艺术与科技紧密结合在一起，从情感、逻辑和意识等方面拓展交互艺术表达感知力以及表现力，构建灵活的交互环境，计算受众行为表现，实现人与艺术间的情感共鸣，推动了艺术与科技的相互渗透和融合。通过人工智能技术的应用，艺术作品能够呈现出更加复杂和多样的表现形式，也为艺术创作提供了新的技术手段和表达方式。同时，人工智能交互式艺术的发展也预示着未来艺术创作方式的多样化和创新。艺术家将更多地利用人工智能的强大计算能力和数据分析能力，进行艺术创意的实施和优化，推动艺术与科技的深度融合和共同发展。

与此同时，随着人工智能交互式艺术的不断发展，关于作品的版权归属、创作主体身份等伦理问题也逐渐凸显出来。这些问题的解决需要艺术家、科技工作者、法律专家等多方面的共同努力和探讨。

总之，基于人工智能交互式艺术，构建了万物皆可模拟的发展模式，不仅开阔了艺术家的创作视野，同时也为体验者提供多层次的交互体验。

人工智能艺术的类型多样且不断发展，每一种类型都展示了人工智能在艺术创作中的独特价值和潜力。随着技术的不断进步和艺术家对人工智能的深入探索，未来的人工智能艺术将呈现出更加丰富和多元的面貌。

四、人工智能艺术的特点

人工智能艺术作为艺术与科技结合的产物，有着鲜明的技术特点和艺术特点。

（一）技术特点

人工智能艺术的创作需要对大量数据进行处理和分析，包括图像、文本、音频等。通过数据预处理、特征提取、模型训练等步骤，人工智能能够提取出数据中的关键信息，并用于艺术作品的生成。在技术上，人工智能艺术表现出算法与数据处理、自动化与智能性以及跨界融合与技术创新的特点。这些技术特点为人工智能艺术的发展提供了坚实的基础和动力。

1. 算法与数据处理

在人工智能艺术的创作过程中，算法通过深度学习、神经网络等技术，对大量艺术数据进行学习和分析，从而生成具有艺术风格的作品。这些算法包括但不限于卷积神经网络、循环神经网络、生成对抗网络等。卷积神经网络具有强大的图像识别能力，能够提取图像中的特征信息，并实现图像风格的转换。在人工智能绘画创作中，卷积神经网络被广泛应用于图像风格迁移、图像修复等领域。循环神经网络具有短期记忆能力，能够模拟人类的创作过程，生成具有连贯性的图像序列或文本内容。在人工智能音乐创作中，循环神经网络被用来生成具有旋律和节奏感的音乐作品。GANs由生成器和判别器两部分组成，通过竞争学习数据分布，生成器能够生成更逼近真实数据的样本。在人工智能艺术中，GANs被广泛应用于图像生成、风格迁移、艺术创作等领域，能够生成具有独特艺术风格的作品。这些算法通过不同的机制和方法生成艺术作品。算法的选择和优化直接影响艺术作品的生成效果和表现形式。不同的算法可以产生不同风格和特点的艺术作品，为艺术创作提供了更多的可能性。

在数据处理上，人工智能包含数据采集、数据清洗、数据整合、特征选取、模型训练等工作内容。人工智能艺术依赖于大数据和先进的机器学习技术，能够高效地处理和分析海量的图像、音频、文本等艺术数据。通过深度学习算法，人工智能可以识别数据中的特征、规律和模式，从而为艺术创作提供丰富的素材和灵感。数据处理一般包含数据收集、数据标注和数据训练这几个基本流程。第一，数据收集。人工智能艺术的数据来源广泛，包括艺术作品图片、音频、视频等。这些数据需要经过筛选和清洗，以确保数据的质量和准确性。第二，数据标注。数据标注是人工智能艺术创作中的重要步骤。通过对艺术数据进行标注，算法能够更好地理解艺术作品的风格特点和创作规律，从而提高生成作品的质量。第三，数据训练。在数据收集和标注完成后，算法需要进行训练。在训练过程中，算法会不断调整参数，以优化生成作品的质量。训练数据的数量和质量对最终生成作品的效果具有重要影响。这种强大的数据处理能力使得人工智能艺术能够创作出具有独特风格和表现力的艺术作品。

在人工智能艺术创作中，算法与数据处理是相互依存、相互促进的。算法需要依赖大量的数据进行学习和训练，而数据处理则能够为算法提供高质量的数据支持。同时，算法的创新和发展也能够推动数据处理技术的进步和应用范围的拓展。例如，GANs等深度学习模型的出现，推动了图像生成、风格迁移等领域的技术进步，为数据处理提供了新的思路和方法。又如，通过对数据进行有效的清洗和标注，可以减少算法在训练过程中的误差和偏差，从而提高生成作品的准确性和艺术性。

在人工智能艺术中，算法和数据处理方法的选择取决于具体的艺术形式和创作需求。艺术家和工程师需要密切合作，根据创作目标和数据集的特点来选择最合适的算法和数据处理方法。随着技术的不断发展，未来人工智能艺术中的算法类型和数据处理方法将更加多样化和智能化。

在创作《埃德蒙·贝拉米肖像》时，人工智能系统首先学习了大量艺术作品的数据，包括色彩、线条、构图等元素。然后，通过GANs技术的不断迭代和优化，系统逐渐生成了具有独特风格和高度逼真细节的画作。这个过程涉及大量的数据处理和算法优化，以确保生成的画作具有艺术价值和观赏性。

这幅画作以其独特的风格和细节处理，展现了人工智能在艺术创作方面的才华和创造力。同时，它的拍卖成功标志着人工智能艺术作品正式进入主流艺术市场，为人工智能艺术的发展开辟了新的道路。此外，该作品还引发了公众对人工智能技术的关注和讨论，促进了人工智能技术的普及和推广。

2. 自动化与智能性

人工智能艺术中的创作过程具有较高的自动化程度。通过预设的算法和参数，人工智能可以自动完成部分或全部的艺术创作过程，无须人工干预。这种自动化和智能化的特点使得人工智能艺术可以快速生成大量的艺术作品，为艺术家提供更多的选择和灵感。同时，人工智能还可以根据观众的反馈和喜好，不断优化和调整作品，以满足不同观众的需求。

人工智能的自动化过程一般包含以下几个环节。第一，数据收集与处理。人工智能艺术创作的起点是大量的数据收集。这些数据可能来自互联网、数据库或艺术家提供的资料，包括自然风光、人物肖像、静物摄影等艺术作品。第二，特征提取与学习。在数据预处理完成后，人工智能会利用计算机视觉技术对输入的艺术作品进行特征提取、分析和处理。这些特征包括线条、颜色、纹理等艺术元素，以及构图、光影等更高级别的视觉信息。处理内容包括图像的清洗、去噪、缩放等操作，以确保数据的质量和一致性。此外，还会对素材进行分类和标注，以便于后续的学习和创作。第三，创作与优化。在学习艺术作品的特征和规律后，人工智能会根据学到的风格和技巧开始创作艺术作品。这通常是在虚拟画布上绘制出初步的草图，然后逐步完善细节直至完成整个作品。创作完成后，人工智能还会对作品进行优化与调整，包括对颜色、构图、光影等方面的调整，以使作品更加完美。第四，输出与展示。创作与优化完成后，人工智能会将作品输出并展示给客户。输出形式可以是数字图像、打印画作或实体艺术品等。同时，作品还会通过互联网、社交媒体等渠道进行展示，以获取更多客户的反馈和认可。

人工智能的智能性体现在对艺术作品的生成、优化和创作过程中的自适应能力。人工智能能够根据创作目标和约束条件，自主调整生成策略，生成符合要求的艺术作品。人工智能艺术所使用的创作工具也具有智能性。这些工具不仅具备感知能力，还具有一定的自主决策能力和获取知识的能力。例如，Midjourney、Procreate等多款绘画软件都已推出人工智能笔刷，该工具可以通过分析用户的创作习惯和风格，自动调整画笔的粗细、颜色等参数，以更好地符合用户的创作需求。此外，这些智能工具还可以通过学习用户的创作过程，逐渐优化自身的算法和模型，提高生成作品的质量和效率。这种智能化的创作工具使得艺术创作更加便捷和高效。

总之，人工智能艺术的自动化与智能性为艺术家提供了新的创作工具和手段，同时也为观众带来了更加多样化和个性化的艺术体验。

前文提到的雷菲克·阿纳多尔创作的《无人监督》便是一个能体现人工智能艺术自动化与智能性的技术特点的案例。阿纳多尔首先收集了MoMA馆藏中可获取的视觉元数据，包括艺术品的图像、设计、摄影等收藏品的信息。这些数据经过分析、数字化后，被输入到机器学习算法中，作为生成新艺术作品的基础。接着，阿纳多尔设计并训练了一台复杂的机器学习模型，用于诠释MoMA馆藏的视觉元数据。该模型能够读取并分析数据，然后实时生成全新的超现实图像。因此，该作品不仅可以展示静态的图像，还能够实现实时智能变化，每隔几分钟，大屏幕就会闪烁一下，柔和的颜色变成了一系列图表，展示了MoMA大厅实时环境的变化（如光线、运动、声音和天气等）对图像的影响。在MoMA的展览现场，观众可以通过24英尺高的LED墙看到由机器学习模型生成的抽象巨大图像，并且这些图像和动画在不断变化，这种动态的艺术效果正是人工智能艺术自动性的重要体现。

3. 跨界融合与技术创新

人工智能艺术在与其他领域的跨界融合中展示的技术创新，是其鲜明的技术特点之一，这一特点不仅是人工智能推动创意产业的创新发展的写照，更是其为传统艺术注入新的活力的体现。如今，人工智能艺术与其他领域的跨界融合现象日益明显。除了与绘画、音乐等领域，还与设计、舞蹈、戏剧、手工艺等艺术形式结合。如在设计领域，人工智能已经能够执行许多自动化任务，如自动生成设计方案、优化色彩搭配、实时建模与分析等。这些功能极大地提高了设计效率，使得设计师能够更快地响应市场需求和客户需求。例如，Autodesk Revit等工具结合了人工智能算法，能够在设计阶段进行实时建模与分析，简化了设计流程，同时提高了设计的精准度和效率。又如在手工艺领域，人工智能工具能有效快速地帮助创作者提供最富象征意义、最生动典型、最适合表现创作主题内容的选项和方案；也可以通过人工智能科技批量复制。

然而，跨界融合也带来了一些挑战。例如，如何确保人工智能生成的艺术作品的版权归属、如何保护数据隐私、如何避免艺术创作的单一化和同质化等问题，都需要我们深入思考和解决。

人工智能艺术的发展与技术创新是息息相关的。20世纪五六十年代，计算机技术的诞生为艺术创作提供了新的工具和手段。这一时期的计算机科学家们开始尝试利用计算机程序进行艺术创作，人工智能艺术自此起源。

1956年，达特茅斯会议召开，正式确立了人工智能作为一个研究领域，为人工智能艺术的创作奠定基础。到了20世纪60年代，随着符号主义人工智能的兴起，专家系统、推理和知识表示等技术得到应用，为人工智能艺术创作提供了初步的理论基础。人工智能艺术创作进入了起步阶段，开始逐步实现简单的图形和图案的生成。20世纪70年代，加州大学教授兼画家哈罗德·科恩在威尼斯双年展上展示了他与自己的绘画程序“艾伦”合作创作的一幅画，标志着人工智能艺术的正式诞生。20世纪80年代，神经网络、深度学习和反向传播算法等技术开始得到广泛研究和应用。这些技术为人工智能艺术创作带来了新的突破，使计算机能够模拟人脑的结构和功能，通过学习和训练生成更加复杂的图形和图像。20世纪90年代，神经网络的研究取得重要进展，特别是罗德尼·布鲁克斯提出的关于视觉功能不需要中央神经系统控制的构想，极大地推动了包括人工智能艺术在内的各个人工智能领域的进展。

到了21世纪，随着计算机技术的飞速发展，人工智能艺术创作在图像、音乐、文学等多个领域取得了显著成果。各种图像生成技术和模型如雨后春笋般涌现出来，为艺术家提供了更多的创作可能性和手段。例如2013年，英国伦敦大学金斯密斯学院教授西蒙·科尔顿开发了一款名为“绘画傻瓜”的程序，该程序能够从报纸上自主提取关键词，并生成与该关键词相关的图像，显现出超越图灵测验的创造性、灵巧性和想象力。2015年，亚历山大·莫德文采夫（Alexander Mordvintsev）的艺术创作机器人“深梦”上线，成为很多人工智能艺术家放飞艺术想象的绝佳平台。2018年，波普艺术家泰琳·萨顿（Taryn Southern）利用Amper Music等多种AI软件创作了首张AI音乐专辑《我是AI》。2020年，OpenAI发布GPT-3，这是自然语言处理领域的一次重大突破，能够生成高质量的人类语言文本，为人工智能在文学和音乐创作方面提供了更强大的支持。2021年以来，生成式人工智能在艺术创作中得到了广泛应用，如DeepArt.io利用深度学算法将照片转换成艺术作品，GANPnt Studio基于生成对抗网络提供在线工具，允许用户实时编辑图片中的对象和背景，创造出全新的视觉作品。

由此可见，人工智能艺术呈现出显著的技术创新特点。同时，这些新老技术的融合，也会形成新的人工智能艺术生产体系。如有研究通过运用多重人工智能技术，为湘西智能苗绣的创作创新开发出一套新的人工智能系统。该系统首先对湘西苗绣元素进行数字化采集与处理；其次使用人工智能技术进行湘西苗绣图案的设计与创新，并由设计师进行提取和融合应用，将设计好的图案、纹饰应用于文创产品中，使文化可视化，形成特色鲜明且具有苗族文化特征的符号，让消费者从中感受和理解湘西苗绣的文化与内涵；最后实现用户对湘西苗绣智能产品的体验与参与。通过运用虚拟现实技术为用户提供沉浸式的苗绣体验，用户可以通过虚拟现实设备，身临其境地欣赏和操作苗绣产品。同时，苗绣产品数字化云生产平台支持用户将设计好的图案存储在云端，方便不同用户之间的共享和交流，也方便生产厂家进行图案的整理和分类。通过该平台，苗绣产品的生产和管理可以实现数字化、智能化和信息化。

人工智能雕塑作品《一号树》（*Tree One*）体现了人工智能艺术跨界融合与技术创新的特点。该作品由ecoLogicStudio制作，并在韩国釜山现代汽车文化中心展出，首次亮相于“Habitat One”展览。该作品旨在通过人工智能和生物数字生长技术，展示一种新型“庇护所”的概念，为新一代居民提供可持续的住房解决方案（见图4-3）。

图4-3　人工智能雕塑作品《一号树》

《一号树》的主要结构是由算法设计的。该算法对树系统的识别与列的体系结构逻辑进行协商，从而生成出独特的雕塑形态。雕塑的树干完全由藻类生物聚合物制成，其强度主要来源于受实际树木纤维树干启发的独特褶皱形态。这种制造方式是通过一种开创性的机器人3D打印工艺实现的。

而该雕塑又结合了创新的生物技术，可以将碳分子重新代谢并储存到它的树干和树冠中，同时将氧气释放到大气中。《一号树》集成了40个玻璃光生物反应器，容纳500升活氰化藻培养物。这些生物反应器可以捕获12棵大树的二氧化碳，相当于一个小的城市森林。同时，这些生物反应器的分布和迭代也是基于算法生成的，展示了实时数据可视化的艺术效果。观众可以通过虚拟现实设备进入雕塑内部，体验其独特的结构和生态效果。

技术创新是推动人工智能艺术发展的重要动力。未来，随着算法优化、硬件升级和数据处理能力的提升和社会需求的不断变化，人工智能艺术创作将继续为人类艺术创作带来更多惊喜和可能性。

（二）艺术特点

人工智能艺术作为艺术与科技结合的产物，具有智能生成和交互参与两大显著特点。正是这些艺术特点使人工智能艺术成为一种全新的艺术形式，为艺术创作和欣赏带来了前所未有的变革和创新。

1. 智能生成

“智能生成”是人工智能艺术的最主要的艺术特点之一。人工智能既可以辅助生成效果图，也可以直接参与创作，甚至可以完全自主制作艺术作品。在人工智能艺术创作过程中，艺术家更像一个编剧兼导演，他只提供自己的创作思路，之后将其转变为人工智能所能够理解的“文本”，与人工智能算力系统“合作”便可以获得依此“文本”生成的作品大致或全部。也就是说，人工智能艺术通过算法和机器学习技术，能够自动化地生成艺术作品。在人工智能艺术的创作中，数据是不可或缺的基础资源。这些数据可以包括图像、音频、文本等，它们被用于训练人工智能模型，以学习并模仿人类的创作风格和技巧。通过深度学习算法，人工智能能够分析这些数据中的特征、规律和模式，进而生成具有艺术性的作品。这种智能生成性不仅提高了艺术创作的效率，还为艺术家提供了前所未有的创作灵感和可能性。例如，绘画软件可以根据用户输入的参数或关键词，自动生成具有独特风格和特点的绘画作品。同样，音乐生成技术可以按照客户的喜好自动生成音乐作品，这些作品具有特别的旋律和节奏，为音乐创作带来了新的可能性。这种智能生成性使得艺术创作不再局限于艺术家的个人经验和想象力，而是可以通过算法和数据的支持，探索更加广阔的艺术领域。同时，基于人工智能艺术的特点，对于使用人工智能进行创作的艺术家而言，不仅需要超前的艺术观念与灵感上升华，还要对人工智能有足够的技术积累，才能做出优秀的人工智能艺术作品。

AI粤剧《帝女花》通过对粤剧经典曲目《帝女花》的大量文献检索与影像搜集，从中提取的六段剧目内容。其中的操作细节、动作技巧和口述历史等内容被人工智能技术精准标注、分类，形成了详细的技艺数据库。接着，运用人工智能技术将传统戏曲里的具象形态和标志性元素进行视觉转换，借助MJ生成与各剧幕、各场景情节及情感色彩相契合的抽象质感画面，利用RUNWAY基于经典粤剧画面结合抽象的表现手法将人物动作与对象分离出来再进行独立的表达。同时结合戏曲音频进行实时音画互动，影像置入自然场域中，实现经典与当代艺术的跨时空对话。AI粤剧《帝女花》利用高清摄像设备和人工智能技术对传承人的表演、技艺进行全方位的音视频采集。在这个创作过程中，人工智能对《帝女花》进行了多角度重现，确保了传统戏曲技艺的细节能够数字化保留。同时，人工智能技术还生成了具有情感色彩的抽象质感画面，使传统戏曲以全新的形式呈现在观众面前（见图4-4）。

图4-4　智能生成的AI粤剧《帝女花》

2.交互参与

人工智能艺术的交互参与特征是其区别于传统艺术形式的一个重要方面。这一特征不仅改变了艺术的创作过程，还深刻影响了观众的体验方式和艺术作品的呈现形态，使得艺术创作和欣赏过程变得更加动态、多元和个性化。

第一，人工智能艺术的交互参与特征体现在观众与作品的互动上。传统艺术形式如绘画、雕塑等往往是静态的，观众只能被动接受艺术家的创作成果。而在部分人工智能艺术中，观众不再仅仅是被动接受者，而是可以积极参与创作过程的主体。观众通过传感器、触摸屏等技术手段，可以实时感知影像作品的呈现方式、色彩变化、节奏等，从而影响作品的最终形态，并体验到与作品之间的紧密连接。这种参与性使得每一件作品都可能成为独一无二的个体，因为每个观众的互动都会生成不同的结果，不仅增强了观众的参与感，也使得作品本身变得更加生动和有趣。交互参与还促进了观众之间的社交与共享。在多人参与的交互艺术作品中，观众之间的行为可以相互影响，共同塑造作品的形态和氛围。此外，许多人工智能艺术作品还提供了在线分享和评论的功能，使得观众能够将自己的作品或体验与他人分享，从而形成一个更加紧密的艺术社区。

第二，人工智能艺术的交互参与特征，还体现在有效推动艺术家与观众之间的共创和共享上。在一些项目中，观众可以参与到作品的创作过程中来，与艺术家一起构思、设计和演绎作品。这种共创方式不仅增强了观众的参与感和归属感，也使得作品本身更加具有多样性和创新性。

人工智能艺术还能够根据观众的喜好、情感和行为习惯等信息，提供个性化的艺术体验。由于观众的参与和人工智能系统的学习能力，人工智能艺术作品能够根据每个观众的喜好、习惯或历史互动数据来定制个性化的体验。这种个性化不仅体现在作品的内容上，还可能包括视觉风格、音效、互动方式等多个方面。通过不断学习和适应，人工智能系统能够逐渐了解观众的偏好，并据此调整作品的呈现方式。这种个性化的体验使得每个观众都能获得独一无二的艺术享受。

第三，人工智能艺术具有实时反馈和调整的能力。在人工智能艺术创作过程中，人工智能艺术作品能够实时响应观众的输入，根据观众的实时反馈进行调整和优化。无论是通过传感器捕捉到的身体动作、声音输入还是屏幕上的触摸操作，人工智能系统都能迅速分析并作出相应的反馈，对艺术作品进行调整和优化。这种实时性不仅使艺术作品能够更加精准地满足观众的需求和期望，也增强了作品的动态性，还让观众体验到与作品之间的即时互动。例如，在一些互动艺术装置中，人工智能会根据观众的行为和反应来改变作品的形态、色彩或声音等，从而创造出更加符合观众期望的艺术体验。

第四，人工智能艺术的交互性还打破了传统艺术形式的界限。人工智能艺术不再局限于传统的绘画、雕塑等单一艺术形式，而是可以将绘画、音乐、视频、舞蹈、文字等多种媒体元素融合在一起，创造出全新的、更加复杂和丰富的艺术表达形式。

这种多媒体融合的方式不仅拓宽了艺术创作的边界，还使得观众能够通过多种感官渠道与艺术作品进行交互。这种跨界的合作和创作方式使得艺术领域变得更加多元化和包容性。

人工智能艺术的交互参与特征是其独特魅力所在。它不仅改变了艺术的创作和呈现方式，还深刻影响了观众与艺术作品之间的关系。随着技术的不断进步和应用场景的不断拓展，人工智能艺术的交互参与特征将继续为艺术领域带来更多的创新和可能性。

《AI和我》（*AI & Me*）（见图4-5）是由跨学科二人组MOTS创作的互动装置艺术，该作品在巴塞罗那设计节的数字版——Sónar+D上展出。作品通过人工智能的视角，以轻松的方式探索身份议题，挑战参与者思考人工智能如何感知和解释人类的外貌，并引发了一场广泛的关于技术判断影响的讨论。

图4-5　人工智能互动装置艺术《AI和我》

《AI和我》的体验从“忏悔室”开始，这是一个由金属丝框架构成的立方体，内部设有摄像头。参与者进入“忏悔室”后，摄像头会简单地扫视个体，并根据其外貌给出直白的意见。这些评论虽然诚实、直接，有时甚至粗鲁，但被设计成一种互动机器，无意中暴露了人类对认同感上瘾的问题。

几分钟后，参与者的“兄弟姐妹”会在多个LED屏幕上活灵活现地展现出来。这些由人工智能生成的人群与进入“忏悔室”的人外貌非常相似，如同兄弟姐妹。这一环节引发了观众对于个性、独特性以及人工智能复制能力的深入思考。

《AI和我》(*AI & Me*)是由跨领域二人组MOTS创作的互动装置艺术，该作品分为三个部分，分别名为The Confessional(忏悔室)、Siblings(兄弟姐妹)和AI Ego(自我)，由一系列CRT显示器组成，展示“忏悔室”参与者在人工智能想象的超现实和完全虚构的场景中的形象。这一组件进一步强化了作品对于人工智能在塑造人类数字自我方面的影响的探讨。

《AI和我》是开启人类关于人工智能在我们生活中的道德层面的重要对话的窗口。MOTS的作品通过让我们面对另一个自我——这个自我充满原始的判断与假设。借此，作品强调了人工智能可能延续偏见的问题值得我们迫切关注。同时，作品也聚焦于数字自我的未来，以及我们在机器时刻观察并记忆我们一举一动的世界中，自身价值该如何定位。

《AI和我》以其独特的创意和深刻的思考，成为一件具有里程碑意义的人工智能艺术作品。它不仅展示了人工智能在艺术创作方面的潜力，更引发了人类对于技术、身份和伦理的深入思考。

延伸阅读

米勒．AI艺术家：人工智能的创意与未来［M］.林文杰，译.北京：机械工业出版社，2024.

思考题

1.举例说明人工智能艺术是否更有创造性？并举出相应的案例。

2.如果有人工智能艺术美学，它有哪些特点？

3.交互参与特点是否会使人工智能艺术更有艺术感染力？

第五章　人工智能艺术的社会影响与伦理问题

在21世纪的科技浪潮中，人工智能作为一股不可忽视的力量，正以前所未有的速度重塑着人类社会的方方面面。因其在版权、原创性、技术伦理等方面带来的巨大改变，人工智能艺术不仅挑战了我们对艺术创作传统认知的边界，还引发了一系列深刻的社会影响与伦理道德问题。本章旨在为读者提供一个全面而深入的视角，以理解和评估人工智能艺术对当代社会的影响与挑战。

学习目标

1. 认识人工智能对传统艺术创作和艺术创造力的冲击与改变。
2. 掌握人工智能艺术的知识产权与原创性问题。
3. 了解从全球到中国的人工智能伦理倡议。

一、人工智能的创造性神话

人工智能技术对艺术创作的影响主要体现在三个方面：第一，从创作方式来看，算法、大数据、机器学习等人工智能技术已经成为艺术创作的新工具。第二，从创作过程来看，人工智能艺术提升了艺术创作的效率并拓宽了艺术创作的边界。第三，从人工智能艺术创作的情感表达来看，它也更加追求技术和创新，与传统艺术创作的情感表达存在着显著的差异，但同时也产生了一些融合。

（一）对传统艺术创作方式的冲击与改变

从21世纪初开始，计算、数据分析以及人工智能逐渐进入到艺术领域，被用于美术、音乐、书籍和电影的创作，或用于图像和视频的自动编辑。人工智能也越来越多地用于生成新的人工作品，包括艺术品、音乐、设计和文本。比如，2016年，“下一个伦勃朗”项目利用深度学习算法分析了346幅伦勃朗画作，通过面部识别和机器学习软件来学习伦勃朗的风格，然后生成一幅新的肖像画。生成的结果竟惊人地神似伦勃朗的真迹。同一年，巴黎的索尼电脑科学实验室（Sony Computer Science Laboratories）开发了“深度巴赫”（Deep Bach）神经网络，可以生成巴赫风格的合唱康塔塔。自此之后，其他的音乐生成算法也被开发出来——有许多YouTube博主对观众发出做音乐“图灵测试”的挑战，让观众区分人工智能和人类作者创作的音乐。对于经过一定音乐训练的人来说，这个挑战似乎非常简单，但是对于没有经过训练的听众来说就不那么容易了。

2019年，华为利用搭载麒麟980芯片的智能手机中的AI完成了舒伯特的《未完成交响曲》。不过，它也有一位作曲家的协助。作曲家从AI生成的一系列旋律中挑选出最好的旋律。为纪念贝多芬诞辰250周年，德国电信公司组织了一个由人工智能专家和国际音乐家组成的团队，完成了贝多芬未完成的《第十交响曲》。这部由AI谱写完成的贝多芬未竟之作于2021年在波恩首演。这些案例都是将已经存在的风格输入电脑，然后生成和这些风格相符的变体，并尝试引入一些创新。它们并不会生成全新的歌曲或风格。相反，它们也许可以被看作是我们所谓的“计算机风格”的实例。

当一台机器绘出了一幅伦勃朗风格的作品，写出了一曲巴赫的奏鸣曲，或者完成了贝多芬的交响乐的时候，我们不会说它们是原创的、真正的艺术，而只会称之为人类文明中现存文化产品的精妙模仿和复制品。我们所要面对的是关于创造力本质的老问题：什么样的创意重组、精妙模拟或者概念的延续可以被认为是原创性的标志？如果一件艺术品或者一幅绘画是算法、设备或者其他技术发明的产物，而它们只是承继和重新阐释了设计师或者艺术家的意图，那我们应该赋予谁为作者身份？因为生产链有第三方软件日益复杂的参与（比如照片和视频运用很广泛的特效和滤镜或者一些修图算法），我们应该怎么确定创造性的来源以及作者的身份呢？

人工智能艺术先驱之一、艺术家马里奥·克林格曼（Mario Klingemann）说：“如果你听到某人在弹钢琴，那你会不会问——这架钢琴是艺术家吗？”答案是不会，同理，对于人工智能艺术也是如此。因为它只是一个很复杂的机械装置，所以它的角色并不会改变。从这个角度来看，人工智能在艺术领域的应用可以看作是美学延展的一个简单实例，是在人类艺术家控制之下使用新的、明显更复杂精巧的设备。人工智能系统是艺术家和程序员的工具，是在创造过程中可以使用的更为精巧的仪器。但是，我们仍然会着迷于一个想法，即我们可以见证人工智能自主创造力在美学领域的出现，我们仍然有一种将真正的人工智能看作是自主和智能行为的表现的原初信念。[①]

无论如何，随着人工智能技术的飞速发展，艺术创作领域正经历前所未有的变革。传统艺术创作依赖于艺术家的个人技能、灵感和情感投入，

① 马诺维奇，阿利列. 列夫·马诺维奇：人工智能（AI）艺术与美学［J］. 陈卓轩，译. 世界电影，2023（3）：4-24.

而人工智能艺术的兴起则引入了算法、大数据和机器学习等先进技术，这些技术能够自动生成图像、音乐、文学等多种形式的艺术作品。人工智能技术已经开始渗透到艺术创作的各个方面，为艺术家提供了新的创作工具和可能性。通过深度学习和机器学习算法，人工智能能够分析大量的艺术作品，学习不同艺术家的风格，并在此基础上创造出新的艺术作品。例如，现在已有多种生成式人工智能系统能够模仿著名画家的风格，创作出类似的画作。

此外，人工智能也能够为艺术家提供创意灵感，通过算法生成新的设计和图案，辅助艺术家探索新的艺术形式和表达方式。目前的人工智能技术在艺术创作上的功能主要是实现多种不同内容形式的转换，如输入文本生成图像、图像扩展、文字生成图像、肖像生成图像等。这些技术上的变化给传统艺术创作方式带来了巨大的冲击与改变。

2022年6月11日，由景德镇御窑博物院及多所院校机构联合建设的景德镇古陶瓷基因库，由江西省文物局授牌成立。在陶瓷艺术领域，传统创作方式主要依赖于手工艺人的技艺和经验，通过手工成型、釉色调配、烧制等步骤完成作品。然而，随着人工智能技术的不断发展，陶瓷艺术的创作方式也发生了深刻的变革。

景德镇陶瓷考古研究所利用人工智能技术，对近2000万片古瓷片进行了数据整理与分析，于2024年成功建立了成系统、成序列的官民窑基因标本库。这一举措不仅有助于破译古代瓷业密码，传承中华文明，还为现代陶瓷设计提供了丰富的文化背景和创作灵感，形成了新的创作方式。具体而言，人工智能通过建立古陶瓷基因库来改变艺术创作的过程主要包含以下几个步骤：

第一，人工智能技术对数据进行了收集与整理。景德镇陶瓷考古研究所通过高精度扫描和数字化处理，将古瓷片的形态、釉色、纹饰等关键信息转化为数字数据。再利用大数据技术对收集到的数据进行整理和分析，初步形成系统的古陶瓷基因库。

第二，人工智能技术对数据进行智能分析与模拟。基于机器学习算法，对古陶瓷基因库中的数据进行智能分析，提取出不同历史时期、不同窑口的陶瓷特征；并通过模拟技术，还原古代陶瓷的制作工艺和烧制过程，为现代陶瓷创作提供技术支持。

第三，人工智能技术进行创意生成与辅助设计。结合人工智能算法和设计师的创意，生成具有古代陶瓷风格的现代陶瓷设计作品。

第四，陶瓷设计师将对人工智能生成的陶瓷设计图进行挑选、釉色调配、图案修改等关键环节，提高创作效率和作品质量。人工智能技术的运用，改变了传统的陶瓷艺术创作方法，为陶瓷艺术创作提供了全新的创作思路和工具，实现了古代陶瓷风格的现代演绎和创新，为陶瓷艺术注入了新的活力和元素。

古陶瓷基因库的建立是人工智能艺术在陶瓷领域的一次成功应用，它不仅展示了人工智能技术强大的潜力，也为传统艺术创作方式带来了深刻的变革。未来，随着人工智能技术的不断发展和完善，相信会有更多类似的应用案例涌现出来，推动艺术领域的不断发展和创新。

（二）提升创作效率并拓展创作边界

人工智能艺术在提升创作效率与拓展创作边界方面发挥着显著的作用，为艺术创作领域带来了革命性的变革。通过算法优化和自动化处理，人工智能能够快速生成大量作品，为艺术家提供了丰富的素材和灵感来源。同时，人工智能还能够跨越传统艺术的界限，创造出前所未有的艺术形式，如深度学习生成的抽象画作、基于自然语言处理的诗歌创作等。这些创新不仅拓展了艺术的边界，也为观众带来了全新的审美体验。

在提升创作效率上，人工智能艺术利用先进的算法和机器学习技术，能够自动化处理大量数据，包括图像、音频、文本等，从而大大缩短了创作周期。例如，人工智能可以迅速分析数以万计的艺术作品，提取风格、色彩、构图等关键元素，为艺术家提供灵感或辅助创作。同样地，在音乐创作领域，人工智能能够自动生成旋律、和弦进行和节奏模式，使作曲家能够更快地构建音乐框架，专注于更深层次的创意发展。

同时，人工智能系统能够提供即时的创作反馈，帮助艺术家快速识别并修正作品中的不足。这种即时反馈机制极大地加速了创作迭代过程，使艺术家能够在短时间内尝试多种创意方向，找到最佳方案。如在视觉艺术中，人工智能也可以通过分析色彩搭配、构图平衡等要素，为画家或摄影师提供优化建议，提高作品的视觉吸引力。

此外，人工智能还推动了艺术创作工具的创新，如人工智能辅助设计软件、音乐生成软件等，这些工具简化了创作流程，降低了技术门槛，使得更多人能够参与到艺术创作中来。

人工智能艺术在创作边界的拓展上也产生了很大影响。人工智能艺术促进了不同艺术领域之间的融合与创新，它利用人工智能技术，实现了传统艺术形式界限的跨越，将绘画、音乐、文学、电影等多种艺术形式相结合，创造出全新的艺术体验。例如，人工智能可以通过分析文学作品中的情感描述，生成与之相匹配的音乐或视觉艺术作品；或是学习并模仿历史上各种艺术流派和风格，同时结合现代审美趋势，创造出前所未有的新风格。这种风格的探索不仅丰富了艺术语言的多样性，也为艺术家提供了更多灵感来源。人工智能艺术还推动了非传统媒介的创作，如虚拟现实、增强现实、数字艺术等。这些新兴媒介为艺术家提供了更广阔的创作空间，使他们能够创造出更加沉浸式和互动性的艺术作品。

人工智能艺术在提升创作效率和拓展创作边界方面发挥着重要作用，

它不仅加速了艺术创作的进程，还推动了艺术形式的创新和多样化发展。然而，我们也应意识到，人工智能艺术的发展应建立在尊重人类创造力、维护艺术伦理和多样性的基础上，以实现艺术与科技的和谐共生。

导演加利·哈斯特维特执导的传记纪录片《伊诺》（见图5-1），讲述了英国著名音乐家、制作人布莱恩·伊诺（Brian Eno）的人生故事和创作历程，该片于2024年1月的圣丹斯电影节上映。

图5-1　人工智能生成式纪录片《伊诺》

导演加利·哈斯特维特通过生成式人工智能技术说服布莱恩·伊诺答应进行纪录片的拍摄，并使其出镜接受了采访。这一技术的应用打破了传统纪录片制作的限制，使得原本难以实现的采访和拍摄成为可能。

在纪录片的制作过程中，加利·哈斯特维特使用了超过500个小时的影像素材，包括采访、旁白、空镜、照片、音乐等。通过人工智能技术，这些素材被分成多个“模块”，并重新组合在一起，使得每一次输出都是一部不一样的纪录片。理论上，该片拥有5200万的三次方个版本，这种颠覆性的尝试极大地丰富了纪录片的叙事方式，拓展了纪录片的表现内容。

人工智能技术的运用，大大提高了制作效率与降低成本，并增强了该纪录片的叙事深度。在纪录片《伊诺》中，人工智能技术使得导演能够快速地筛选出有用的素材，并进行高效的剪辑和组合，从而节省了大量的时间和精力。同时，通过人工智能技术生成的不同版本，观众可以从多个角度和层面了解布莱恩·伊诺的人生故事，从而增强了对纪录片叙事深度的感知。这种深度的叙事方式使得纪录片更加真实可信，因为观众可以通过多种视角来验证和确认信息的真实性。

此外，人工智能技术的应用为纪录片制作带来了更多的可能性和创新空间。导演可以尝试使用不同的叙事方式、表现手法和视觉效果来呈现故事，从而创造出更加独特和引人入胜的纪录片作品。这种创新和实验精神也是纪录片真实性拓展的重要方面之一。

总的来说，人工智能艺术在纪录片制作中的应用已经取得了显著的成果，特别是在拓展其真实性方面展现出了巨大的潜力。《伊诺》作为一部成功应用人工智能技术的纪录片作品，通过生成式人工智能技术、人工智能剪辑与版本生成等手段，增强了叙事深度、提高了制作效率并促进了创新与实验。这些应用不仅使得纪录片更加真实可信，也为纪录片制作带来了新的发展机遇和挑战。

（三）对人类情感表达的处理

尽管人工智能艺术在技术和形式上取得了显著进步，但在情感表达方面仍与人类艺术家存在显著差异。人类艺术家的创作往往蕴含着丰富的个人情感、文化背景和社会价值，而人工智能艺术则更多地依赖于数据和算法。然而，随着技术的不断发展，人工智能也逐渐学会模仿和理解人类的情感表达，从而创作出更加贴近人类情感的作品。这种融合不仅有助于提升人工智能艺术的创作质量，也为人类艺术家提供了新的创作思路和灵感。

人工智能的创作主体是计算机程序和算法，创作源泉主要来自大量的数据和算法。通过对海量数据的分析和学习，可以发现规律，从而生成具有创意的作品。而传统艺术作品的创作主体是具有情感和思维的艺术家，创作源泉则来自内心世界，是艺术家对生活、情感和文化的特别体验和感悟。相应地，人工智能艺术的创作过程是自动化的，依靠计算机程序和算法实行。艺术家通过设定规则和参数，引导完成创作。其作品往往呈现一种客观、理性的特征，作品中的元素和结构具有明确的逻辑关系。而人类的创作过程则是主观的，艺术家在创作进展中不断调整和完善，使作品更具个性化和情感色彩。人类艺术创作则更注重情感表达和个性化，作品往往具有独有的韵味和风格。

从创作的目标与价值来看，人工智能艺术的创作目标主要是实现创新和突破，通过算法和数据分析生成具有独有风格的作品。在技术和创新方面具有较高的价值，为艺术领域带来新的发展机遇。而人类的创作目标则更加多元，包含表达情感、反映现实、传承文化等。在情感、人文和文化传承方面具有独特价值，是艺术领域不可或缺的一部分。

虽然人工智能艺术创作的情感表达与人类创作的表达有诸多不同，但两者也产生了一定的融合。首先，人工智能可以作为技术支持辅助创作，帮助人类作者更好地表达情感，如协助艺术家进行素材收集、风格模仿、作品分析等，提高创作效率；又如，人工智能技术通过分析大量情感数据，为人类作者提供关于情感表达的参考，使其更好地理解情感的细微差别，从而在作品中更加精准地表达情感。其次，通过智能技术，艺术家可以创作出具有互动性、沉浸感的艺术作品，为观众带来全新的艺术体验。人工智能通过分析大量数据，可以挖掘出潜在的艺术创作趋势，为艺术家提供新的创作思路。人工智能与音乐、舞蹈、戏剧等艺术的结合，将产生全新的艺术形式，推动艺术的跨界融合与创新发展。如新一代人工智能模型在写作中加入了情感的元素，使得机器人作者具备一定的温度和情感表达能力。通过深度学习和大规模数据训练，这些人工智能模型可以理解情感并在写作中表达出来，从而引发读者的情感共鸣。

人工智能艺术创作与人类情感表达之间既存在差异，也在逐渐融合。这种融合不仅为艺术创作带来了新的可能性和发展机遇，也引发了关于创作本质和人类情感表达的深入思考。未来，随着技术的不断发展，人工智能艺术创作与人类情感表达的融合将更加深入，为人类带来更加丰富和情感充沛的艺术作品。

《眼泪的语言》是一个现场实时表演的作品，一个机器人头在观看电影《悲惨世界》时，仿佛拥有了人类的感情，看到悲伤的画面时，自己也会潸然泪下。该作品通过人工智能深度学习，先让机器学习识别大量的带有哭泣和正常表情的照片，然后根据学习的结果进行预测（见图5-2）。艺术家为此自拍了2000张自己哭泣的照片和2000张正常表情的照片，然后把《悲惨世界》中的经典歌曲《我梦到了一个梦》视频的每一帧都存取下来作为作品测试数据，根据之前的学习结果便可以让机器人识别《悲惨世界》中女主角的表情并随之落泪（见图5-3）。

这件艺术作品的情感表达是基于算法和数据分析的，它通过对大量数据的训练和学习，能够识别并模仿人类的情感反应。然而，这种情感反应是机械和客观的，缺乏人类情感的真实性和复杂性。相比之下，人类的情感表达是主观的、真实的，它源于个体的生活经历、文化背景和情感体验，具有独特性和不可复制性。

图 5-2　人工智能装置作品《眼泪的语言》

图 5-3　艺术家为《眼泪的语言》拍摄的自己的照片

同时，该艺术品的情感表达方式是相对有限的。人工智能在艺术创作中往往通过特定的算法和程序来生成作品，其表达方式相对固定和有限。而人类的情感表达则更加多样化和灵活，可以通过语言、肢体动作、面部表情等多种方式来表达自己的情感。

但是，尽管人工智能的情感表达缺乏真实性和复杂性，但它在某种程度上能够与人类产生情感共鸣。在《眼泪的语言》中，当机器人头看到电影中的悲伤场景而流泪时，观众可能会感受到一种情感上的共鸣和连接。这种共鸣并非来源于机器人本身的情感，而是观众在欣赏过程中将自己的情感投射到机器人身上所产生的。此外，人工智能艺术创作也可以为人类提供创作灵感。在《眼泪的语言》的创作过程中，创作者韩旭通过探索人工智能与人类情感的交汇点，发现了新的艺术表现形式和可能性。这种跨界的合作和探索不仅推动了艺术的多元化发展，也为人类艺术创作提供了新的思路和方向。

韩旭的作品试图通过一个机械装置来模拟人类沟通中的诗意表达，尤其是眼泪这一人类极端情感的载体。她通过编程和人工智能技术，让机器人能够识别并模仿人类的哭泣表情，从而实现了情感模拟与表达的一种新形式。这种形式的情感表达虽然与人类的真实情感有所不同，但它却以一种独特的方式展现了人类情感的复杂性和多样性。

（四）人工智能和创造性的神话

关于人工智能在视觉艺术、设计、建筑、电影、音乐等艺术领域应用的讨论，往往依赖于关于艺术和创造力的普遍接受的观点。这些观点包括“艺术是人类最具创造性的领域”、“艺术家不遵循规则”以及“生成原创艺术是检验人工智能进步的一大考验”。这部分内容旨在简要探讨关于艺术和创造力的流行观点的历史起源，并提出这些观点限制了我们对文化人工智能的认识。

1. 艺术作为创造力的体现

我们对艺术的主导概念源自欧洲的浪漫主义时期——19世纪末至20世纪初。这一时期的观点认为：艺术家不同于普通人，他们在社会中占据特殊地位。他们的艺术源自内心，源自他们的想象力，不受任何规则或范例的约束。它不是理性决策的结果，相反，它是由直觉驱动的，表达情感。而且，最重要的是，艺术是人类创造力的专属领域。“创意产业”一词就是一个例子，说明如今社会已将创造力与艺术的浪漫主义联系视为理所当然。

假设艺术，与其他任何人类活动领域相对，最能体现创造力，而且艺术是人类独特性的最佳表达，由此得出看似合乎逻辑的结论：检验人工智能进步的最佳标准是它能否生成（新颖）艺术。

在这里，我们发现了一个引人入胜的悖论。在19世纪和20世纪初，人们仍然认为艺术家需要多年训练才能获得绘画、透视、构图等专业技能。但随着基于浪漫主义思想的现代艺术意识形态逐渐占据主导地位，学习这些技能的要求也消失了。

自20世纪70年代以来，当代艺术界已成为概念化的特征，主要聚焦于思想层面。它不再像以前那样强调绘画、透视、构图等视觉技能，而是将重点转向语义技能。尽管艺术现在聚焦于传达语义信息，但有一段时间，它仍然重视现代主义的模糊性，并希望观众在解读上费一番工夫。然而，到了21世纪初，随着当代艺术进入主流文化，成群结队的学生频繁参观博物馆，艺术再也不能承担“晦涩难懂”或模棱两可的风险。与西方20世纪之前的功能类似，今天的艺术再次服务于道德和政治功能。

在韩国和俄罗斯，只有少数几所艺术学院仍系统地教授19世纪的传统绘画和绘画技能。在大多数面向当代艺术世界的艺术学院和大学艺术系，学生被要求开始“表达他们的内心愿景”和“发展他们独特的风格”。他们学习的是当代艺术的口头语言，这种语言存在于艺术家和画廊的陈述中，以及目录和其他出版物中批评家和策展人的文字里，而不是艺术创作技能。

要成为一名属于（或想要属于）当代全球艺术世界的艺术家，就要用这种语言说话和写作，而不是掌握色彩搭配、构图、绘画、照片和视频编辑、3D建模和动画、计算机编程或游戏设计等任何技能。这种意识形态也定义了全球文化中如何看待艺术。艺术可以表达独特的“艺术愿景”，或“发挥某种特殊作用”“解决社会问题”“质疑主导的社会价值观”。但它与任何专业技能、创造美或表达和激发情感无关。这些功能在20世纪已被电影和流行音乐等大众文化完全取代——如今也被社交媒体所取代，数百万人在社交媒体上展示他们的时尚造型、照片、漫画、3D角色和其他创作。

然而，语义艺术从未完全取代视觉艺术。在无数的画廊、博物馆、艺术网站和社交媒体画廊中，我们仍然能看到具象、半具象和抽象图像。它们不传达任何明显的语言信息。它们融合了19世纪现实主义和20世纪现代主义发展出的多种视觉语言，可以在现实主义和抽象风格之间的任何游走。它们在视觉创新之所以有限，并非因为在现代主义盛行的1900—1970年之后，艺术创新已到尽头。此后，艺术在诸多领域持续突破，像新媒体艺术就借助新技术拓展了表现形式。而20世纪90年代Photoshop等软件带来的新效果，并非现代主义的遗产。它们依靠数字技术，开创了全新创作方式，与现代主义在理念和手法上大不相同，却丰富了艺术创作形式。

今天，这种视觉艺术无处不在，而一个更加专业化的当代高雅艺术世界却鲜为人知。大多数人甚至不敢接近当代艺术博物馆。

这就是为什么对于没有艺术专业知识的人来说，当代艺术等同于19世纪的现实主义和20世纪的现代主义——以详细或象征的方式表现某种事物的二维图像。这就是人工智能研究现在致力于自动生成看起来要么像过去几个世纪前的现实主义作品的原因，要么像20世纪的抽象和半抽象作品（而不是像装置艺术、场地特定艺术项目或其他最近的艺术类型）的图像。对于人工智能研究人员和公众来说，一些由人工智能生成的图像等同于艺术。原因在于，它们与大众文化所定义的“视觉艺术”存在视觉上相似性，而这一点被认为已然足够。相比之下，人工智能在交互艺术或实验音乐中的应用，没有吸引新闻媒体或公众的关注。这是因为这种艺术不受公众的欢迎，除非被谷歌宣传为最新的人工智能艺术成果，或具有纯粹的娱乐功能，否则很难引起大众兴趣。

2. 艺术与现实主义

社会科学领域的众多研究表明，对于当今大多数人而言，艺术确实意味着图画、现实主义和技巧。艺术家被理解为具备创作具象二维图像、专业水准的照片、逼真三维人物动画模型、漫画以及其他具象表现形式能力的人，而这些形式的创作往往需要长时间的训练或实践，否则难以达成，甚至不可能实现。在百度或小红书上搜索“艺术”，你会遇到无数关于如何掌握这些技巧的教程或指南。

需要掌握专业技能的观念也定义了文化产业的所有领域——专业摄影、动漫与动画、游戏设计、网页与交互设计、电影摄影、视频剪辑、表演、电视和电影导演、音乐制作，等等。通常，在评估文化产业专业人士时，学习技能和掌握技术熟练度的观念与高创造力的观念相结合。例如，一位非常成功的文化产业专业人士被称为“真正的艺术家”，这意味着他或她不仅技艺精湛，而且风格和内容极具原创性。

这种普遍的艺术观解释了为什么如今由人工智能生成的、类似于过去伟大艺术家创作的现实主义图像会受到媒体最多的关注。当研究团队利用人工智能复原伦勃朗《夜巡》中被毁的部分时，或当学生利用人工智能创作出看似中国古典山水画的图像，甚至在实验中欺骗了55%的参与者时，人们都深感震撼。但能够创作抽象艺术的人工智能却不会成为新闻。

2021年，在韩国大田基础科学研究所（IBS）数据科学实验室进行的一项实验中，研究人员向一群没有接受过任何艺术训练的人展示了现实主义和抽象主义的图像，并要求他们判断每张图像是由人类艺术家还是人工智能创作的。人们通常认为，细节丰富的图像是由人类艺术家创作的，而简单的抽象图像则是由人工智能生成的。实际上，实验中的所有图像都是使用StyleGAN2神经网络模型生成的，该模型是科学家们通过对wikiart.org网站上数万幅历史绘画进行了训练。

3.创造力与全球经济

当今另一个被视为理所当然的相关观念是创造力，它在21世纪初开始流行，比如在文化艺术、商业设计等多个领域得到应用和关注。在经济全球化的背景下，全球竞争日益激烈，外国市场准入更加容易，这促使企业采用了诸如以创新和创造力驱动发展的新范式。在21世纪，苹果和三星基于创新战略的发展模式，成为众多企业学习和借鉴的典范。

城市理论家理查德·佛罗里达的著作《创意阶层》（2002）也发挥了重要作用，这本书极具影响力。佛罗里达认为，创意阶层的经济功能是“创造新的思想、新的技术和/或创造性的内容”。在他的分析中，这一阶层到21世纪初已占美国劳动力的30%；而能够被这一阶层影响的国家，往往会有质的飞跃。德国柏林的领导者也受其思想的影响，在21世纪初制定了政策，吸引其他国家的设计、软件和媒体专业人士来到这座城市。

后来，人们普遍认为，创造力对整个社会和个体而言都是极其宝贵的，并在2010—2019年这十年成为一种新的普遍社会价值。每个人都应该具有创造力——而计算机技术在这里帮助我们实现这一目标（这意味着我们所有人，在某种程度上，都应该成为“艺术家”）。那十年流行的新术语“创意技术专家”，就是这些趋势中的一个例子。

这一观念导致了另一种假设——人工智能和一般技术应该帮助个人和公司变得有创造力和创新性。现在，我们不再希望人工智能仅仅模拟人类的认知功能，如视觉、言语和推理，或快速搜索数百万份文档、进行语言翻译。这在20世纪就足够了，但在21世纪却不够。现在，我们希望人工智能能够产生创造性和创新性的解决方案，因为社会认为创造力是经济的驱动力。

4.分离人工智能与创造力概念

所有这一切都意味着，在未来，当我们对艺术、艺术家和创造力的观念发生变化时，现在看似广泛认识的人工智能与艺术之间的联系也可能变弱或消失——而这将是一件好事。因为艺术领域中具有创造力的人的价值本质上与其他人类活动领域并无不同，其比例并非由技术联系决定的。

我们今天理所当然地认为艺术与创造力相关联，并优先考虑创造力，而这些观念都是相对较新的发明。因此，我们与其沉迷于“人工智能能否具有创造力”这一问题，不如探索人工智能能够为艺术、设计、建筑和所有其他艺术领域做些什么。

二、知识产权与原创性问题

人工智能艺术的知识产权与原创性问题是一个复杂且充满争议的问题。而从本质上讲，《中华人民共和国著作权法》保护的是人类创作所产生的智力成果，这就要求作品必须具有独创性，这也是著作权法制度设计的初衷。因此，对人工智能艺术作品的知识产权与它的原则性问题的讨论是密不可分的。

（一）人工智能艺术作品的知识产权归属问题

目前，学界和业界都普遍认可人工智能艺术作品具有可获得知识产权的可能性。根据《中华人民共和国著作权法》的相关规定，著作权是保护作品创作者权益的法律制度。从作品独创性的角度出发，生成式人工智能凭借预训练、人类反馈强化学习、人工标注等一系列流程，其生成的内容在一定程度上可以具备著作权法意义上的独创性特征[①]。因此，虽然人工智能并非传统意义上的“作者”，但其生成的作品在符合一定条件下，仍有可能受到著作权法的保护。

目前，关于人工智能艺术的知识产权归属，主要存在以下几种观点：

第一，人工智能艺术作品的知识产权属于人工智能的开发者。一些人认为，由于人工智能生成作品的创造过程是由人工智能算法自动完成的，因此其原创性应该归属于人工智能开发者，因为他们提供了算法和训练数据。同时，人工智能开发者在开发和训练人工智能模型时投入了大量的时间和资源，因此他们应该享有由此产生的知识产权。

第二，人工智能艺术作品的知识产权属于人工智能的使用者。人工智能艺术作品的创造过程也涉及使用者的参与和影响，他们提供了创作的灵感和主题，因此其原创性应该归属于人工智能使用者。具体而言，使用者在利用人工智能进行创作时，可能会通过选择合适的人工智能模型、数据集和参数，以及对生成的作品进行修改和创新，来影响作品的质量和特点。并且，在某些情况下，人工智能技术更多地被视作艺术创作的辅助工具，所以人工智能艺术作品的原创性与版权都应该属于人工智能的使用者。

第三，人工智能艺术作品的产权应属于人工智能模型的投资者。投资者对产品的开发和整个产业的发展有着重要贡献。随着技术发展和作品创作分工的细化，领域的创作成本日益提高。投资者通常拥有足够的资本，

① 侯跃伟. 生成式人工智能生成内容的法律属性及刑法保护［J］. 江西社会科学，2024，44（8）：101-112.

为技术开发提供必要的资金支持。虽然他们未直接参与智力劳动，但其资本投入对内容生成起着关键支撑的作用。他们在开发过程中提供了经济支持并承担了巨大的风险，保护投资者的利益有助于推动领域的发展和创新；而这些贡献并未直接作用于作品，缺乏创造性投入，因此对于投资者的版权归属也应存疑[①]。

第四，除以上几种情况，如果人工智能算法是通过在大量的数据中训练得出的，那么原创性可能是由数据本身所创造的。因此，也有观点认为人工智能艺术作品的版权还需要考虑对数据提供者的知识产权保护。

目前，全球范围内关于人工智能创作内容的著作权归属尚无统一立法。不同国家和地区根据自身法律体系和科技发展状况，采取了不同的立场和措施。国际组织如世界知识产权组织（WIPO）也在积极研究人工智能与著作权的关系，试图通过国际协作，为这一新兴领域制定更为明确的法律框架。

业界对于这一问题有一些初步尝试，如一些已投入商业使用的人工智能模型会要求用户在使用人工智能工具之前签订用户协议。这些协议中可能会明确人工智能生成内容的著作权归属。例如，一些平台可能会主张其生成内容的著作权，而另一些平台则可能将著作权归属于用户。因此，用户在利用人工智能进行创作时，应仔细阅读相关协议，以避免潜在的著作权纠纷。

随着人工智能技术的不断发展和普及，人工智能艺术作品的数量和质量将不断提高。因此，对人工智能艺术作品的知识产权保护将变得更加重要和紧迫。

未来，相关人士需要制定专门的法律法规来规范人工智能创作作品的

① 魏照然，张鹏程. 对AIGC艺术作品版权争议的思考［J］. 中国广播电视学刊，2024（9）：67-71.

知识产权归属和保护。这些法律法规应涉及知识产权的定义、原创性的认定标准、知识产权的转移和分配、权利的保护等方面。

我们可以通过腾讯人工智能写作机器人“Dreamwriter”著作权案来进一步讨论人工智能艺术作品的知识产权归属问题。2018年8月，腾讯证券发布了一篇由腾讯自主研发的一套基于数据和算法的智能写作辅助系统“Dreamwriter”自动撰写的股评文章。该文章因其高效和高质量的内容引起了另一家网站的注意，该网站决定“无偿借用”该文章，随后被腾讯公司起诉。争议焦点主要在于人工智能生成的作品是否具有著作权，以及著作权的归属问题。

法院在审理过程中认为，尽管文章是由人工智能机器人“Dreamwriter”自动撰写，但人工智能是工具，不是民事主体，不拥有著作权。然而，人工智能生成的作品仍然具有著作权归属，这一归属应当归属于该作品的创作者或相关权利人。在此案例中，腾讯公司作为人工智能机器人的开发者和使用者，对人工智能生成的作品进行了创作和发布，因此被认定为该作品的著作权人。因此，法院最终判决腾讯公司胜诉，认定该网站未经许可使用人工智能生成的文章构成侵权。

此案例表明，人工智能生成的作品在法律上仍然具有著作权归属，且这一归属通常归属于作品的创作者或相关权利人。

值得注意的是，人工智能艺术作品的知识产权归属问题涉及多方主体，不同主体对作品的参与程度都不尽相同，所以每一次对于版权归属的判定都应当被视为个案而进行具体分析。

（二）人工智能艺术作品的原创性与独特性

从人工智能艺术诞生起，其作品的原创性和独特性就是备受关注的问题。时至今日，仍有很多人认为人工智能艺术作品不具有原创性。这部分观点主要从创作过程出发，认为只有经过人类大脑的认知、理解、思考等过程，才能创作出具备独创性的作品[①]。而人工智能的创作过程主要依赖于数据和算法，缺乏人类艺术家的个人经验和情感投入。但同时不可否认的是，虽然人工智能模型本身并非自然人，但在艺术作品创作过程中，需要人类参与制定生成作品的“提示词”，其中也融入了人的创造力。因此，也有人认为，人工智能艺术作品具有原创性与独特性。所以在评估人工智能艺术作品的原创性和独特性时，需要综合考虑其创作过程、表现形式和审美价值等多个方面。

微软小冰（XiaoIce）出版的现代诗集是人工智能在文学创作领域的一个重要成果，展现了人工智能在诗歌创作方面的潜力和独特性。它是一款由微软互联网工程院开发的人工智能聊天机器人，不仅能够进行自然语言处理，还具备诗歌创作的能力。小冰的诗歌创作始于大量的数据分析和机器学习，通过模仿人类诗人的作品，逐渐形成了自己独特的诗歌风格。微软小冰于2017年出版了自己的诗集《阳光失了玻璃窗》，其中收录了多首由小冰独立创作的现代诗。这些诗歌在内容、形式、结构等方面都展现出了小冰对语言文字的驾驭能力和独有的审美情趣。

小冰诗歌的创作过程主要涉及如下几个步骤：第一，数据收集与分析。小冰在创作诗歌之前，会收集大量的诗歌作品作为学习材料。这些作品来自不同的诗人和流派，涵盖了广泛的诗歌风格和主题。第二，机器学习。通过机器学习算法，小冰会对收集到的诗歌作品进行分析和学习。它会提取诗歌中的语言特征、结构规律和情感表达等元素，为创作自己的诗歌打下基础。第三，创作与生成。在掌握了一定的诗歌创作规律后，小冰会开始尝试创作自己的诗歌。它会根据预设的主题、风格或情感等要求，

① 王迁. 再论人工智能生成的内容在著作权法中的定性［J］. 法律科学（西北政法大学学报），2017，35（5）：148-155.

生成符合要求的诗歌作品。第四，优化与筛选。小冰生成的诗歌作品会经过优化和筛选的过程。开发者会对生成的诗歌进行质量评估，选择出符合要求的优秀作品进行收录和发布。

独创性是判断一部作品是否构成著作权法意义上作品的关键因素。虽然微软小冰的诗歌创作过程依赖于大量的数据分析和机器学习，但其所生成的诗歌在内容、形式、结构等方面具有明显的个性化和创新性。这些诗歌不仅展现了小冰对语言文字的驾驭能力，还体现了其独有的审美情趣和情感表达。因此，从独创性的角度来看，小冰创作的诗歌因具有作品的基本属性而获得承认，并进一步获得了版权。

三、人工智能艺术的伦理与道德挑战

人工智能艺术的快速发展在为我们带来无数创新机遇的同时，也引发了一系列伦理与道德挑战，主要体现在创作、展示与传播过程中的伦理问题以及对相关主体的影响与责任上。

（一）全球对人工智能伦理的高度重视

联合国教科文组织早在2018年就组织撰写，并于2021年通过《人工智能伦理问题建议书》（简称《建议书》），这是全球首个针对人工智能伦理制定的规范框架，旨在为全球各国提供框架，规范人工智能的开发和应用。该《建议书》涵盖了多个方面的原则，包括人工智能的发展应遵循的基本理念，以及具体领域的应用标准。例如，《建议书》强调了防止人工智能带来的歧视、刻板印象（尤其是性别不平等）、打击虚假信息、保护隐私权和个人数据的重要性。

同时，《建议书》提出，人工智能对社会、环境、生态系统以及人类生活和思想具有深刻而动态的影响，这种影响既有积极的，也有消极的。

部分原因在于人工智能的使用以新的方式影响着人类的思维、互动和决策，其影响涉及教育、人文科学、社会科学和自然科学、文化、传播和信息等领域。

考虑到人工智能技术对人类大有助益并惠及所有国家，但也会引发根本性的伦理关切，例如：人工智能技术可能内嵌并加剧偏见，可能导致歧视、不平等、数字鸿沟和排斥，并对文化、社会和生物多样性构成威胁，造成社会或经济鸿沟；算法的工作方式和算法训练数据应具有透明度和可理解性。人工智能技术的发展需要相应提高数据、媒体与信息素养，并增加获取独立、多元、可信信息来源的机会，包括努力减少错误信息、虚假信息和仇恨言论的风险以及滥用个人数据造成的伤害。

《建议书》特别关注人工智能系统与教育、文化特性和多样性、传播和信息等教科文组织核心领域有关的广泛伦理影响：

• 教育。这是因为鉴于对劳动力市场、就业能力和公民参与的影响，生活在数字化社会需要新的教育实践、伦理反思、批判性思维、负责任的设计实践和新的技能。

• 文化特性和多样性。这是由于人工智能技术可以丰富文化和创意产业，但也会导致文化内容的供应、数据、市场和收入更多地集中在少数行为者手中，可能对语言、媒体、文化表现形式、参与和平等的多样性和多元化产生负面影响。

• 传播和信息。这是由于人工智能技术在处理、组织和提供信息等方面发挥着越来越重要的作用；很多与之相关的现象产生了信息获取、虚假信息、错误信息、仇恨言论、新型社会叙事兴起、歧视、表达自由、隐私、媒体与信息素养等问题。自动化新闻、通过算法提供新闻、对社交媒体和搜索引擎上的内容进行审核和策管只是这些问题的几个实例。

我们要特别关注人工智能技术在文化领域的影响。

- 随着人工智能技术被用于创造、生产、推广、传播和消费多种文化产品和服务，应促进针对艺术家和创意从业人员的人工智能教育和数字培训，以评估人工智能技术在其专业领域的适用性，并推动设计和应用适当的人工智能技术，同时铭记保护文化遗产、多样性和艺术自由的重要性。
- 促进当地文化产业和文化领域的中小企业对于人工智能工具的认识和评价，避免文化市场集中化的风险。
- 吸引技术公司和其他利益攸关方参与进来，促进文化表现形式的多样化供应和多元化获取，特别要确保算法建议可以提高本地内容的知名度和可见性。
- 促进在人工智能和知识产权的交汇点上开展新的研究，例如确定是否或如何对通过人工智能技术创作的作品给予知识产权保护。会员国还应评估人工智能技术如何影响作品被用于研究、开发、培训或实施人工智能应用程序的知识产权所有者的权利或利益。

2023年，联合国教科文组织发布了《伦理影响评估：人工智能伦理治理工具建议书》(*Ethical Impact Assessment: A Tool of the Recom-mendation on the Ethics of Artificial Intelligence*，简称《建议书》)。该《建议书》的独特之处在于它考虑了整个人工智能生命周期，并确立了两个目标，分别是评估特定算法是否与《建议书》设定的价值观、原则和指导保持一致，以及通过征集有关人工智能系统及其开发方式的信息来确保透明度。

《建议书》提出，应在国家或国际层面以多利益相关者的方式建立适当的数据保护框架和治理机制，由司法系统提供保护，并在人工智能系统的整个生命周期内确保数据得到保护。

文件还提到，人工智能模型通常是通过积累大量数据来训练的，当人工智能与大数据和物联网相结合时，这种做法会引发对用户隐私和数据滥用的担忧。大数据对人工智能的影响通常体现在三个方面，即数量（用于训练的数据量）、种类（实现新的和意料之外的推断的部分）和速度（促进实时分析和共享的部分）。我们与联网设备之间的持续连接和互动意味着，如果不适当地保护隐私，我们的行动、个性、习惯和品位就会被整合在一起并被利用。为敏感环境（如医疗保健）训练一个高效的人工智能模型需要大量的隐私敏感数据，而在使用人工智能时，总是存在从所谓的非敏感数据或匿名数据中推断出敏感数据的情况。之所以会出现这种情况，是因为人工智能能够在多个非敏感属性之间建立联系，并推断出敏感信息。

从法律角度看，与其他原则相反，隐私和数据保护领域在世界范围内受到的监管相对较多，尽管这种保护的力度和广度各不相同。数据保护是隐私权的体现，也是隐私权的具体化。就其地位而言，虽然隐私权是一项国际公认的人权，但数据保护却不是，尽管数据保护事实上也是一个受到严格监管的主题。数据保护法通常包括一些要求，如关于所收集数据类型的规范、数据存储时间长短以及统一规范等。

除了法律要求，从技术角度看，在隐私设计或隐私保护的机器学习框架下还有不同的方法，试图尽可能降低用户的隐私风险、识别个人身份的可能性或个人信息泄露。其中一种方法被称为“差分隐私”（differential privacy），即在现有数据中添加噪音，以便在数据泄露时拉开个人与其可识别信息之间的距离。

（二）人工智能艺术在创作、展示与传播中的伦理问题

人工智能艺术在创作、展示与传播过程中面临着诸多伦理问题。

首先，在创作上，人工智能艺术所面临的伦理问题是极其多维且复杂的，包括前文有所提及的人工智能的原创性、产权归属，还包括数据使用、社会影响以及人类价值观等多个方面。

人工智能艺术在创作过程中，其自主性和创造力程度是一个关键的伦理问题。一方面，如果人工智能的自主性过高，可能会产生无法预测或控制的艺术作品，这些作品可能包含违背社会道德或人类价值观的内容。另一方面，如果人工智能的创造力被过度限制，那么其艺术作品的独特性和创新性就会受到质疑，从而失去艺术创作的本质意义。因此，如何在自主性与创造力之间找到合理的平衡点，是人工智能艺术创作面临的一个伦理挑战。

由于人工智能的创作过程涉及复杂的算法和数据处理，在人工智能艺术创作中，责任归属问题尤为突出。当作品出现问题或争议时，很难确定责任主体。这可能导致法律纠纷和道德困境。例如，人工智能创作的艺术作品一旦侵犯了他人的版权或名誉权，那么应该由谁承担责任？是人工智能的开发者、使用者还是其他相关方？因此，明确责任归属是人工智能艺术创作中亟待解决的伦理问题。

其次，如何合法、合规地使用数据，保护个人隐私权，是人工智能艺术在创作方面面临的另一个重要伦理问题。人工智能艺术创作依赖于大量的数据输入，这些数据可能涉及个人隐私、敏感信息等。也就是说，这种数据驱动的人工智能模式在带来便利的同时，也威胁着我们的隐私权。从智能设备到社交媒体，人工智能无处不在地收集着我们的个人信息，甚至可能通过分析这些数据来预测我们的行为、偏好和情绪。如何平衡数据的利用和个人隐私成为一个伦理挑战。同时，数据的来源和真实性也是需要考虑的因素。如果人工智能使用了不准确或带有偏见的数据进行创作，那么其作品可能会反映这些偏见，进而加剧社会不公。此外，人工智能艺术作品的展示和传播是否应遵循一定的道德规范和审美标准？这些问题不仅关系到人工智能艺术的健康发展，也涉及人类社会的道德和伦理底线。因此，需要建立相应的伦理规范和监管机制来确保人工智能艺术的合法性和道德性。这就涉及一个更加复杂的问题——如何为这些非生物实体制定道德准则？传统的道德哲学主要基于人类的行为和选择，但人工智能的“创作”是基于算法和数据处理，这使得传统的道德框架难以直接套用。例如，人工智能创作的艺术作品可能包含与人类基本伦理认知相违背的内容，或者人工智能技术可能被滥用、误用，用于抄袭、恶搞等，甚至危害个人生命财产安全、国家安全和社会公共利益。

人工智能系统的决策往往基于训练数据，而数据中的偏见可能导致算法产生不公平的结果。人工智能在艺术创作时，可能会学习到人类的偏见和歧视，这些偏见可能来源于历史数据、社会观念等多个方面。当人工智能基于这些偏见进行创作时，就可能导致不公平的结果。例如，人工智能在绘画或音乐创作中可能因为某些群体的特征而给予不同的表现或风格，这显然是不公平的。

随着人工智能自主性的提高，责任归属问题日益凸显。当人工智能艺术系统引发争议或损害时，如何确定责任主体成了一个难题。在传统的法律体系中，责任往往是由人来承担的。然而，在人工智能领域，责任归属变得更加模糊和复杂。如何界定人工智能的责任归属，如何确保人工智能的安全和可靠，这些都是需要我们进行深入思考和探讨的问题。

为了应对这些伦理与道德挑战，我们需要采取积极的措施。首先，需要制定更严格的数据隐私法规，确保数据的合法收集和妥善保护。同时，开发技术来保护数据隐私，如差分隐私技术等。其次，需要确保人工智能算法的透明性，使创作过程可解释和可理解。此外，还需要促进跨学科的伦理研究，鼓励政府、企业和社会机构的广泛参与，制定明确的伦理准则和政策。最后，提高公众的人工智能伦理意识，推动教育和培训，培养人们对伦理问题的敏感性和责任感。

综上所述，人工智能艺术在创作上面临的伦理问题是多方面的、复杂的。为了解决这些问题，我们需要加强跨学科研究、完善法律法规、提高公众意识等多方面的努力。只有这样，才能确保人工智能艺术创作在遵循伦理原则的基础上，为人类社会带来更加丰富的艺术体验和文化价值，共同构建一个安全、和谐、繁荣的人工智能艺术时代。

（三）人工智能艺术对艺术家、观众与社会的影响

人工智能艺术的不断发展，对艺术家、观众及社会产生了深刻的影响。对于艺术家而言，人工智能艺术的兴起既带来了机遇也带来了挑战。他们需要不断适应新技术的发展，提升自己的创作能力和审美水平。同时，人工智能艺术的成熟为艺术家提供了新的创作工具和表达方式。人工智能艺术工具能够完成重复和耗时的创作过程，从而使艺术家能够更快速地将创意转化为实际的艺术作品。借助人工智能技术，艺术家可以处理和分析大量数据，从而在创作中获得新的灵感和视角，这拓展了传统艺术的边界。不过，正是由于人工智能极大地降低了数字艺术作品创作的门槛，导致创作者的大量涌现和数字艺术作品的泛滥，这也成为新技术给传统艺术家带来的挑战。

对于观众而言，人工智能艺术为他们提供了更加多元和丰富的艺术体验。然而，观众也需要具备一定的审美素养和批判性思维来辨别和欣赏人工智能艺术作品。

对于社会而言，人工智能艺术的发展促进了文化创新和产业升级，但同时也需要关注其可能带来的社会问题和风险。因此，各方都需要承担起相应的责任和义务来推动人工智能艺术的健康发展。人工智能艺术创作对社会的影响也是不容忽视的伦理问题。一方面，人工智能艺术可能会改变人们的审美观念、艺术品位和文化传承方式；另一方面，它也可能对传统艺术行业造成冲击，导致就业结构变化和社会不稳定。因此，在推广人工智能艺术创作之前，需要进行充分的社会影响评估，确保其对社会的正面

影响大于负面影响。

人工智能艺术创作在追求创新的同时，也需要尊重并传承人类的核心价值观。这包括尊重多元文化、保护文化遗产、弘扬人类精神等。如果人工智能艺术作品过于追求新奇和独特，而忽视了这些基本的人类价值观，那么其艺术价值和社会意义就会大打折扣。因此，如何在人工智能艺术创作中融入人类价值观，是一个值得深入探讨的伦理问题。

人工智能艺术的发展正在重塑我们的生活方式和社会结构。它可能导致一些传统艺术岗位的消失，同时催生出新的职业机会。如何平衡技术进步和就业保护，成为一个重要的伦理问题。人工智能艺术在医疗、社会治理等领域的应用也带来了监管难度加大、决策透明度降低等问题。同时，人工智能艺术也可能对教育体系产生影响，我们需要深度改革现有的学科、专业、课程和教材体系，更加注重培养学生的创新思维和跨界能力，以适应未来社会的需求。

延伸阅读

1. 孙婧. 算法赋能：人工智能艺术创作力的“生成图谱”及意义［J］. 当代美术家，2023（3）：72-78.

2. 李砚祖. 艺术与科学，卷十五，艺术图像［M］. 北京：清华大学出版社，2020.

思考题

1. 人工智能技术在提升艺术创作小白能力、拓展创作边界上有哪些体现？请结合案例进行分析。

2. 人工智能艺术的知识产权应该归属何方？并说出你的理由。

3. 你认为人工智能艺术在创作、传播和展示时应重视哪些伦理？

后　记

自2024年以来，ChatGPT、Midjourney、Sora等人工智能应用程序横空出世，震惊了产业界、文化界和教育界。随后国内的文心一言、豆包和最近大热的DeepSeek等人工智能应用程序相继出现，在各行各业掀起了运用人工智能应用程序进行艺术创作的热潮。尽管只是一年多的时间，但我所在的教育界和艺术界已经感受到，不仅身处其中，更有迫在眉睫的震撼。这种震撼里有大变革前夜的隐忧，有对自身从事职业的焦虑，当然也有直面未来的期望和勇毅。

这一年来，人工智能的影响波及各行各业。中外的教育界也在谋划和践行根本性的变革。许多的人文学科被调整和取消，各个高校都在增设人工智能相关专业。许多与计算机原本关联不大的学科也在这种历史必然性中主动求变——新闻学、历史学、文学、艺术学莫不如此。我所工作的中国传媒大学也在2024年初就发布了《应对人工智能行动计划实施方案》，主动求变，驱动每个学院、每个专业、每位老师都面向人工智能转型。心中既有“逝者如斯夫，不舍昼夜”的感叹和不舍，同时面对电光石火之间已经迅速迭代的技术发展，也需要积极应对。

于是，我们和中国国际广播出版社针对人工智能在文化传播中的应用达成合作共识，迅速敲定共同策划出版一套八册的“AIGC+文化传播”系列教材。

艺术学是我的老本行，在人工智能时代它毫无疑问将发生本质性的变革。这种变革不仅是现阶段的创作层面，还将逐渐深入到艺术伦理、艺术批评、艺术理论和艺术学科建设的方方面面。虽然现阶段的人工智能艺术创作依旧无法离开人类搭建的算法框架并依赖过去经典艺术的数据库，其本质还只是选择和协作。但是未来通用人工智能的发展，有可能让人工智能受自主价值驱动，运用主动行为去实现无限任务。那时的人工智能也能够像人类一样，从现实的物质世界中汲取信息，从而创造出超越人类历史框架的艺术形式。

因此我们现在就需要展开讨论和研究，哪怕这些研究还缺乏相关文献，还难以系统深入，但正如大家看到的，这个问题已经时不我待。因为人类对于人和人工智能的未来都负有责任，不管是从上到下的算法建构还是从下到上的数据库搭建，都需要人类关注人工智能使用时的道德伦理问题。艺术归根结底是为人服务的，因此我们在使用人工智能时，一定要确保人工智能艺术的创作无论是现在还是未来都符合人类尚美、求真、向善的本性。

在过去一段时间里，我先期做研究拟定写作大纲，发给我的两名研究生枉文雨和何宜蔚搜集资料、编写初稿，最后我来统筹、补充、修改和定稿。虽然前期相关资料不多，但我们已经尽可能在编撰过程中从已有的中外文献中汲取宝贵研究成果，希望能够在这个新的研究方向对学界有所助益。

图书在版编目（CIP）数据

人工智能艺术导论 / 王青亦主编. -- 北京：中国国际广播出版社，2025.8. --（“AIGC+文化传播”系列教材）. --ISBN 978-7-5078-5890-7

Ⅰ. J-39

中国国家版本馆CIP数据核字第2025661YT4号

人工智能艺术导论

主　　编	王青亦
责任编辑	梁　媛
校　　对	张　娜
版式设计	陈学兰
封面设计	赵冰波
出版发行	中国国际广播出版社有限公司［010-89508207（传真）］
社　　址	北京市丰台区榴乡路88号石榴中心1号楼2001 邮编：100079
印　　刷	北京启航东方印刷有限公司
开　　本	710×1000　1/16
字　　数	170千字
印　　张	12.5
版　　次	2025 年 8 月　北京第一版
印　　次	2025 年 8 月　第一次印刷
定　　价	58.00 元